2019年主题出版重点出版物
"十三五"国家重点图书出版规划项目

绿色发展新理念
绿色家庭

生态环境部宣传教育中心 ◇ 主编

人民日报出版社

图书在版编目（CIP）数据

绿色发展新理念·绿色家庭/生态环境部宣传教育中心主编. -- 北京：人民日报出版社，2019.5
ISBN 978-7-5115-5760-5

Ⅰ.①绿… Ⅱ.①环… Ⅲ.①绿色经济—经济发展—研究—中国 Ⅳ.①F124.5

中国版本图书馆CIP数据核字(2018)第288502号

书　　名：	绿色发展新理念·绿色家庭
作　　者：	生态环境部宣传教育中心
出 版 人：	董　伟
责任编辑：	袁兆英　刘晴晴
封面设计：	邢海燕
出版发行：	人民日报出版社
社　　址：	北京金台西路2号
邮政编码：	100733
发行热线：	（010）65369509　65369527　65369846　65363528
邮购热线：	（010）65369530　65363527
编辑热线：	（010）65363105
网　　址：	www.peopledailypress.com
经　　销：	新华书店
印　　刷：	大厂回族自治县彩虹印刷有限公司
开　　本：	880mm×1230mm　1/32
字　　数：	109千字
印　　张：	4.75
印　　次：	2019年6月第1版　2019年10月第3次印刷
书　　号：	ISBN 978-7-5115-5760-5
定　　价：	37.00元

习近平谈生态文明

加快生态文明体制改革,建设美丽中国。

——党的十九大报告

生态文明建设是关系中华民族永续发展的根本大计。生态兴则文明兴,生态衰则文明衰。

——在全国生态环境保护大会上的重要讲话

2018年5月18日

我们要建设的现代化是人与自然和谐共生的现代化,既要创造更多物质财富和精神财富以满足人民日益增长的美好生活需要,也要提供更多优质生态产品以满足人民日益增长的优美生态环境需要。

——党的十九大报告

生态环境是关系党的使命宗旨的重大政治问题，也是关系民生的重大社会问题。

——在全国生态环境保护大会上的重要讲话

2018年5月18日

我们既要绿水青山，也要金山银山。宁要绿水青山，不要金山银山，而且绿水青山就是金山银山。我们绝不能以牺牲生态环境为代价换取经济的一时发展。我们提出了建设生态文明、建设美丽中国的战略任务，给子孙留下天蓝、地绿、水净的美好家园。

——在哈萨克斯坦纳扎尔巴耶夫大学的讲演

2013年9月7日

倡导简约适度、绿色低碳的生活方式，反对奢侈浪费和不合理消费，开展创建节约型机关、绿色家庭、绿色学校、绿色社区和绿色出行等行动。

——党的十九大报告

编委会

总　　序：曲格平　　顾　　问：解振华

主　　编：贾　峰　　副 主 编：闫世东　张建宇

执行主编：曾红鹰

《绿色发展新理念·绿色家庭》

主　　编：杨　珂

本书编写人员：田　烁　周恋彤　赵晓艺　姜诗绮

陈小祎　袁　轶　刘之杰　鄢婧轩

唐大为

总　序

　　生态文明建设是关系中华民族永续发展的根本大计。党的十八大以来，以习近平同志为核心的党中央站在坚持和发展中国特色社会主义、实现中华民族伟大复兴中国梦的战略高度，把生态文明建设和生态环境保护摆在治国理政的重要位置，谋划开展了一系列根本性、开创性、长远性工作，推动生态文明建设从实践到认识发生历史性、转折性、全局性变化。

　　2018年5月召开的全国生态环境保护大会正式确立了习近平生态文明思想，这是大会最大的亮点，是标志性、创新性、战略性的重大理论成果。习近平生态文明思想内涵十分丰富，集中体现为生态兴则文明兴、生态衰则文明衰的深邃历史观，人与自然和谐共生的科学自然观，绿水青山就是金山银山的绿色发展观，良好生态环境是最普惠的民生福祉的基本民生观，山水林田湖草是生命共同体的整体系统观，用最严格制度保护生态环境的严密法治观，全社会共同建设美丽中国的全民行动观，共谋全球生态文明建设的共赢全球观。习近平生态文明思想是习近平新时代中国特色社会主义思想的重要组成部分，深刻回答了"为什么建设生态文明、建设什么样的生态文明、怎样建设生态文明"等重大理论和实践问题。

　　做好新时代生态环境保护工作，最根本的就是要深入学习贯彻习近平生态文明思想和全国生态环境保护大会精神。习近平总书记在全国生态环境保护大会上强调，要自觉把经济社会发展同生态文明建设

- 1 -

统筹起来,加快形成绿色发展方式和生活方式。在2018年中央经济工作会议上,总书记将加快绿色发展作为我国重要战略机遇期的新内涵。党的十九大报告特别指出,我们要建设的现代化是人与自然和谐共生的现代化,既要创造更多物质财富和精神财富以满足人民日益增长的美好生活需要,也要提供更多优质生态产品以满足人民日益增长的优美生态环境需要。

推进绿色发展是实现人与自然和谐共生的必由之路。党的十九大报告指出,要加快建立绿色生产和消费的法律制度和政策导向,建立健全绿色低碳循环发展的经济体系。构建市场导向的绿色技术创新体系,发展绿色金融,壮大节能环保产业、清洁生产产业、清洁能源产业。推进能源生产和消费革命,构建清洁低碳、安全高效的能源体系。推进资源全面节约和循环利用,实施国家节水行动,降低能耗、物耗,实现生产系统和生活系统循环链接。倡导简约适度、绿色低碳的生活方式,反对奢侈浪费和不合理消费,开展创建节约型机关、绿色家庭、绿色学校、绿色社区和绿色出行等行动。我们要坚定不移贯彻绿色发展理念,进一步发挥生态环境保护的倒逼作用,加快推动经济结构转型升级、新旧动能接续转换,在高质量发展中实现高水平保护、在高水平保护中促进高质量发展。

如何把绿色发展方式和生活方式的新理念贯穿到中小学、大学、社区、家庭、乡村、企业、机关,让更多的人选择绿色出行、绿色消费,了解绿色学习中心、绿色建筑、绿色供应链,是我们在新时代践行绿色发展需要大力解决的实际问题。为此生态环境部宣传教育中心组织了有关部属单位以及清华大学、北京师范大学、首都师范大学、北京教育科学研究院、北京市环境保护宣传中心、江苏省环境保护宣传教

总　序

育中心、中环联合（北京）认证中心有限公司、公众与环境研究中心（IPE）等机构的数十位专家及学者共同编写了这套"绿色发展新理念·建设美丽中国"系列丛书。

"绿色发展新理念·建设美丽中国"系列丛书包括《绿色发展新理念·绿色乡村》《绿色发展新理念·绿色学校》《绿色发展新理念·绿色家庭》《绿色发展新理念·绿色机关》《绿色发展新理念·绿色企业》《绿色发展新理念·绿色大学》《绿色发展新理念·绿色消费》《绿色发展新理念·绿色建筑》《绿色发展新理念·绿色供应链》《绿色发展新理念·绿色学习中心》《绿色发展新理念·绿色出行》《绿色发展新理念·绿色社区》，共计12册。本套丛书旨在全面落实习近平生态文明思想和全国生态环境保护大会精神，推动形成绿色发展方式和生活方式，提高社会公民，尤其是基层干部、教育工作者、社区和企事业单位管理者对绿色发展的理解，并为其提供可操作性强的实践方法，激发全社会践行绿色发展的自觉性和主动性。

本套丛书的编写人员"术业有专攻"，在深入学习领会习近平生态文明思想和全国生态环境保护大会精神，以及广泛参阅文献的基础上结合相关实践经验编写完成。本套丛书的亮点在于不仅展现了我国生态文明建设的最新成果，还详细列举了许多国内外的成功经验与做法，内容科学准确，可以作为各个领域特别是干部和公众进一步深入学习贯彻习近平生态文明思想的操作指南，具有较强的可读性和借鉴意义。

曲格平

2019年3月于北京

前　言

随着我国进入发展新时代，绿色成为全面建成小康社会的关键特征之一，也成为现代小康家庭选择的风尚。当前正处于全面建成小康社会的决胜期，既需要政府制定实施有利于绿色生产方式和生活方式的法规政策，也需要企业和机构提供更多的绿色产品和服务，还需要个人和家庭通过绿色选择，促成政策法规落地，为绿色产品服务提供更广阔的市场。因此创建绿色家庭成为新时期绿色路线图中重要一环。

我们认为，勤俭节约、生态环保、师法自然是绿色家庭的应有之义。价值取向一致而又形式多彩多样的绿色家庭，呈现出的是人们的生活选择、生态哲理和生命价值。

绿色的家庭首先是勤俭节约、物尽其用的家庭。"一粥一饭，当思来之不易。半丝半缕，恒念物力维艰。"在生活物资匮乏的年代，这不仅是有限物质条件下的被动选择，也被誉为一种生活智慧，更上升为一种人生美德。在中华文明进程中，塑造出我们这个族群的品格特征。

绿色家庭也是生态环保，关爱生命的家庭。进入新时代，我国社会主要矛盾已经从人民日益增长的物质文化需要同落后的社会生产力之间的矛盾，转化为人民日益增长的美好生活需要和不平衡不充分的发展之间的矛盾。勤俭节约不仅没有过时，而且被赋予了新的内涵，与更广阔的自然生命关怀紧密联系在一起。追求更高质量的环境，包括更清洁的空气和水、更安全的食物，成为当前要解决的新的矛盾。而中华大地几千年文明的经验教训告诉我们，大地母亲的健康是我们可持续发展的根基。中国传统文化中就有保护自然，可持续发展的理念，"劝君莫打枝头鸟，子在巢中望母归。"《吕氏春秋》也告诫人们"竭泽而渔，岂不得鱼，而明年无鱼；焚薮而田，岂不获得，而明年无兽。"

绿色家庭还是师法自然，崇尚生态伦理的家庭。在中国传统文化的价值观中，外显的生活方式选择与内在的个人品德修养具有必然的因果联系。无论是陶渊明的"采菊东篱下，悠然见南山"，还是刘禹锡《陋室铭》所吟"斯是陋室，惟吾德馨。"都将古人淡泊心境、与自然为邻的审美取向凝练到至高境界，并一直流传下来。天人合一，道法自然，已成为中国人的文化自觉。

2015年11月30日，习近平主席在联合国气候变化巴黎大会开幕式讲话中，引用《荀子》中"万物各得其和以生，各得其养以成"，生动阐释了中华文明历来强调的"天人合一、尊重自然"的生命伦理观念，并强调，中国有信心和决心实现我们的承诺，即通过"国家自主贡献"，将于2030年左右使二氧化碳排放达到峰值并争取尽早实现，2030年单位国内生产总值二氧化碳排放比2005年下降60%~65%，非化石能源占一次能源消费比重达到20%左右，森林蓄积量比2005年增加45亿立方米左右。未来二三十年，中国将建成为富强民主文明和谐美丽的国家，要实现伟大目标，履行国际承诺，更要加强生态文明建设。这需要各行各业的人们付出艰苦的努力，也需要每一个人、每一个家庭的贡献。

前言

4亿多中国家庭，如果每一个家庭每天节约一升水，一年节水1.46亿立方米，相当于一个大型水库的库容量；每周节约一度电，一年节电208亿千瓦时，相当于7个大型火电厂的年发电量；每月少用一升燃油，一年可节油413万吨，减排二氧化碳1300万吨；每年种上一棵树，一年就能增加3200公顷林地。我们相信，4亿多中国家庭，每天向绿色家庭迈出一小步，我们向富强民主文明和谐美丽的中国就能迈出一大步！

感谢美国环保协会北京代表处对本书的支持。本书第一章和第五章由田烁编写，第二章由周恋彤编写，第三章由赵晓艺、姜诗绮、陈小祎编写，第四章由杨珂编写。赵晓艺对全书进行了统稿和校对，袁轶、曾红鹰、刘之杰、鄢婧轩参与了本书的审稿、编辑出版工作，贾峰、闫世东、张建宇对本书的编写进行指导。特对以上人员对本书做出的贡献表示诚挚感谢。

我们希望此书能够给广大致力于绿色家庭建设的人们以有益参考，并诚请大家对不足之处提出宝贵意见。

杨珂

2019年1月

目录 Contents

第一章　读一读：推进绿色发展　创建绿色家庭 / 1

　　第一节　绿色发展与绿色家庭的概念 / 2

　　第二节　绿色发展与绿色家庭的关系 / 5

　　第三节　新时代推进绿色发展与创建绿色家庭的重要意义 / 7

第二章　看一看：国内外绿色家庭创建案例及成效 / 11

　　第一节　绿色家庭的内涵及创建的基本原则 / 12

　　第二节　国内绿色家庭的发展、案例和经验 / 16

　　第三节　国外绿色家庭的发展、案例和经验 / 33

第三章　学一学：如何创建绿色家庭 / 47

　　第一节　创建绿色家庭，也有标准可循 / 48

　　第二节　绿色家庭莫跑偏，把握原则和要点 / 65

　　第三节　绿色家庭好不好，测量工具来帮你 / 68

第四章　做一做：绿色家庭重在行动 / 73

　　第一节　绿色在身上 / 74

　　第二节　绿色在餐桌 / 84

第三节　绿色在屋檐下 / 92

第四节　绿色在路上 / 104

第五节　绿色在身边 / 113

第五章　想一想：绿色家庭的未来 / 125

第一节　科技与创新的力量 / 126

第二节　环境政策红利的兑现值得期待 / 128

第三节　公众环境意识与支付意愿的蓬勃发展 / 130

参考文献 / 135

第一章

读一读：推进绿色发展　创建绿色家庭

第一节　绿色发展与绿色家庭的概念

一、绿色发展的概念

绿色发展是一种人与自然和谐的可持续发展理念，旨在突出经济社会与资源环境的协调发展和人的全面发展。绿色发展是在资源环境可承载、资源可循环再生的基础上，以实现人类绿色资产不断增值、绿色福利不断提升为目标的可持续发展理念和人类行为模式，旨在突出经济社会与资源环境的协调发展和人的全面发展，是一种真正的"公正""和谐"与"融合"。

随着人们物质生活水平和消费水平的不断提高，老百姓由盼"温饱"走向盼"环保"，由求"生存"走向求"生态"，对优质生态产品、优良生态环境的需求越来越迫切。这些需求与当前生态资源环境的承载力超限、生态公共产品不足、生态环保形势严峻之间的矛盾日益凸显，矛盾发展的态势正在逐步向主要矛盾或矛盾的主要方面靠拢、演化。人们的幸福感与生态环境的关联性越来越高，对生态环境破坏更加难以容忍，对环境质量的要求愈加愈高。如果没有清洁的空气、干净的水、优美的生态环境，即使经济发展起来了，老百姓也会抱怨。

党的十九大报告指出，建设生态文明是中华民族永续发展的千年大计。必须树立和践行绿水青山就是金山银山的理念，坚持节约资源和保护环境的基本国策，像对待生命一样对待生态环境，统筹山水林田湖草系统治理，实行最严格的生态环境保护制度，形成绿色发展方式和生活方式，坚定走生产发展、生活富裕、生态良好的文明发展道路，建设美丽中国，为人民创造良好生产生活环境，为全球生态安全做出贡献。

党的十八大以来，党中央、国务院把生态文明建设和环境保护摆上更加重要的战略位置，对其认识高度、推进力度、实践深度前所未有，并做出了一系列的重大决策部署，顶层设计蓝图密集出台。2015年，中共中央、国务院出台《关于加快推进生态文明建设的意见》，印发《生态文明体制改革总体方案》。党的十八届五中全会审议通过《中共中央关于制定国民经济和社会发展第十三个五年规划的建议》，强调牢固树立并切实贯彻创新、协调、绿色、开放、共享五大发展理念，要求加快补齐生态环境短板，将生态环境质量总体改善列为全面建成小康社会目标。这三份文件构成当前和今后一个时期引领和指导生态文明建设的全面系统的制度架构。这是发展理念和方式的深刻转变，也是执政理念和方式的深刻转变，涉及生产方式、生活方式、思维方式和价值观念的重大变革。

当今世界，绿色发展已经成为一个重要趋势，许多国家把发展绿色产业作为推动经济结构调整的重要举措，突出绿色的理念和内涵。

二、绿色家庭的概念

"绿色家庭"是指从本身做起，带动家庭，推动社会，改变以往不恰当的生活方式和消费模式，创造一种有利于保护环境、节约资源、保护生态平衡的生活方式和行动。

2005年，全国妇联、原国家环保总局下发了《关于开展全国"绿色家庭"资源节约行动》的通知，为了进一步深化全国"绿色家庭"系列宣传活动，决定联合开展全国"绿色家庭"资源节约行动。

创建绿色家庭，不仅可以培养每个家庭成员的环保公德、提高其环境意识，而且还能节约家庭开支、促进身体健康、提高工作和学习效率。更重要的是通过创建绿色家庭，可以带动绿色社区、绿色学校等的创建活动，对于推动社会主义精神文明建设和可持续发展起着积极作用。

第二节　绿色发展与绿色家庭的关系

有观点认为，环保是政府和企业的责任，与家庭和个人没有关系。他们认为，只有汽车排放的尾气，只有工厂排出的废水、烟囱冒着的黑烟才叫污染，而事实并非如此简单。因为工业污染有国家的法律法规来制约，然而政府却不可能强制每个人的消费行为，也不可能规定每个人的生活方式，而正是我们每个人在日常生活中追求方便、舒适的同时，不知不觉地浪费着大量资源，制造着大量污染，而且没有人来管理，没有监测系统进行监督。

研究表明，来自家庭的污染十分惊人：一个人一天平均制造0.9公斤的垃圾；一个人一天平均消耗一次性物品（例如：一次性饭盒、一次性矿泉水瓶、一次性塑料袋、一次性筷子等等）2到3个；一个人因洗脸、洗手、洗头发、洗澡、洗衣服、洗车子、擦玻璃、冲厕所等等每天平均制造150公斤废水；一个人每天平均用洗涤剂、化妆品等大约20克化学日用品。这些污染全天候24小时都在进行的，960万平方公里的中华大地早已不堪负荷。

如果我们真的想改变世界，有必要知道从何处开始，那就是从改变自身开始，从改变家庭开始。单个人的力量不足以改变什么，但数以百千万计的人共同努力就可以改变世界。家庭是社会的细胞，也是孩子接受教育的第一所学校。家长的自身素质对孩子的影响，起着相当重要的作用。在大力倡导绿色环保、绿色文明、绿色消费的今天，家庭环保教育是不可忽视的一面。为此，我们要把环保教育引入家庭，大力开展"小手牵大手"的活动，使环保教育深入人心，让一个学生带动一个家庭，一个家庭带动一个社区，形成全社会人人都参与环保事业的良好氛围。

第三节　新时代推进绿色发展与创建绿色家庭的重要意义

党的十九大报告指出，中国生态环境保护任重道远。中国是一个人均生态财富较低的国家，资源环境问题已经成为中国发展的最大挑战，绿色发展已经成为中国发展的战略选择。绿色发展是在资源环境可承载、资源可循环再生的基础上，以实现人类绿色资产不断增值、绿色福利不断提升为目标的可持续发展理念和人类行为模式，旨在突出经济社会与资源环境的协调发展和人的全面发展，是一种真正的"公正""和谐"与"融合"。

党的十八大以来，习近平总书记在国内外许多场合，尤其在论述生态文明建设问题时阐述了"绿水青山就是金山银山""保护生态环境就是保护生产力""良好生态环境是最普惠的民生福祉"等一系列具有绿色发展意蕴的主张和观点。中共中央、国务院发布的《关于加快推进生态文明建设的意见》指出，把生态文明建设放在突出位置，协同推进新型工业化、信息化、城镇化、农业现代化和绿色化。"绿色化"概念首次载入中央文件，集中体现了新时期生态文明建设的新任务和新要求，成为我国现代化建设的战略基础。党的十八届五中全会把"绿色发展"作为新发展理念之一，明确了绿色发展的实现路径，充分表明绿色发展在中国特色社会主义事业总体布局中的重要地位，对实现"两个一百年"奋斗目标和中华民族伟大复兴中国梦具有重要的理论和实践意义。

生活方式的绿色化体现在人主体行为的方方面面，主要包括衣、食、住、行、游等方面，由原来的铺张浪费向厉行节约、绿色低碳、健康文明的方式转变，坚决抵制和反对各种形式的奢侈浪费和不合理消费。绿色家庭是生活方式绿色化的主要内容，也是生活领域推进绿色发展的必然选择。

中共中央、国务院《关于加快推进生态文明建设的意见》明确提出要培育绿色生活方式，广泛开展绿色生活行动。这与我国"十三五"规划指出的"树立节约集约循环利用的资源观，建立健全用能权、用水权、排污权、碳排放权初始分配制度，推动形成勤俭节约的社会风尚"，在内容和目标上具有一致性。

党的十九大报告明确提出要倡导简约适度、绿色低碳的生活方式，反对奢侈浪费和不合理消费，开展创建节约型机关、绿色家庭、绿色学校、绿色社区和绿色出行等行动。

国务院办公厅印发《"无废城市"建设试点工作方案》明确提出要践行绿色生活方式，推动生活垃圾源头减量和资源化利用。以绿色生活方式为引领，促进生活垃圾减量。通过发布绿色生活方式指南等，引导公众在衣食住行等方面践行简约适度、绿色低碳的生活方式。

改革开放四十年来，我国的工业文明发展成果丰硕，但是从工业文明迈向生态文明是社会发展的必然趋势。生态文明是工业文明发展的新阶段，是对工业文明的发展与超越。建设生态文明并不仅仅是简单意义上的污染控制和生态恢复，而是要克服传统工业文明的弊端，探索资源节约型、环境友好型的绿色发展道路。建设生态文明，必须全面推行绿色制造，不断缩小与世界领先绿色制造能力的差距，加快赶超国际先进绿色发展水平。全面推行绿色制造，加快构建起科技含量高、资源消耗低、环境污染少的产业结构和生产方式，实现生产方式"绿色化"，既能够有效缓解资源能源约束和生态环境压力，也能够促进绿色产业发展，增强节能环保等战略性新兴产业对国民经济和社会发展的支撑作用，推动加快迈向产业链中高端，实现绿色增长。

绿色发展与绿色家庭创建的意义体现在生产生活的方方面面。

首先，这彰显了以人民为中心的深厚情怀。人民群众是历史的创造者。人的自由而全面的发展是马克思主义的重要命题，良好的自然生态环境和自然资源是其实现的条件和基础。正己治民，善政养民，合理利用自然资源，使人们生活富足，是我国悠久的政治文化传统。习近平总书记一再强调生态环境是民生的重要内容。"良好生态环境是最公平的公共产品，是最普惠的民生福祉。""建设生态文明，关系人民福祉，关乎民族未来。""环境就是民生，青山就是美丽，蓝天也是幸福。"这些话语回应了人民对良好生态环境的渴望和诉求，充分体现了建设生态文明与增进民生福祉的关系。

改革开放以来，我国经济发展取得历史性成就，但也积累了大量生态环境问题。生态环境特别是大气、水、土壤污染严重，已成为全面建成小康社会的突出短板。各类环境污染呈高发态势等人民群众反映强烈的问题可谓"民生之患"。扭转环境恶化、提高环境质量是广大人民群众的热切期盼。对此，习近平总书记强调：要坚定推进绿色发展，推动自然资本大量增值，让良好生态环境成为人民生活的增长点、成为展现我国良好形象的发力点，让老百姓呼吸上新鲜的空气、喝上干净的水、吃上放心的食物、生活在宜居的环境中、切实感受到经济发展带来的实实在在的环境效益，让中华大地天更蓝、山更绿、水更清、环境更优美。

  其次，这体现了全球生态安全的责任担当。建设生态文明关乎人类未来。习近平总书记指出，"人类历史就是一幅不同文明相互交流、互鉴、融合的宏伟画卷"，人类文明是由世界各民族共同创造的，中国的发展对于世界有着举足轻重的作用，绿色发展理念彰显了中国对全球生态安全的责任和担当。自20世纪90年代以来，以"气候谈判"为标志，绿色低碳发展成为国际大趋势。2008年，联合国环境署发出了《绿色倡议》，绿色发展和可持续发展成为当今世界的时代潮流。习近平总书记倡议，"国际社会应该携手同行，共谋全球生态文明建设之路，牢固树立尊重自然、顺应自然、保护自然的意识，坚持走绿色、低碳、循环、可持续发展之路"。在这方面，中国责无旁贷，将继续做出自己的贡献，走绿色发展道路，让资源节约、环境友好成为主流的生产生活方式。关于坚持绿色发展，党的十八届五中全会在提出"推进美丽中国建设"的同时，还提出要"为全球生态安全做出新贡献"。这是中国积极响应国际社会的绿色发展潮流的郑重承诺，表明将与各国一起，携手推进全球绿色、可持续发展，自觉对全球生态文明建设负起应有的责任。

  总之，绿色发展理念的提出，创造性地继承和发展了中国传统文化中的生态理念与历史智慧，体现了以人民为中心的发展思想，在尊重东西方文明的基础上，丰富和发展了马克思主义生态文明观，是当今马克思主义与中国历史智慧及当前中国实际相结合的理论创新，为我国未来发展指明了方向。

第二章

看一看：国内外绿色家庭创建案例及成效

第一节 绿色家庭的内涵及创建的基本原则

绿色家庭讲求绿色健康的居住环境，倡导绿色生活方式。这种新型家庭模式将绿色居住环境与绿色生活方式二者硬软相结合。前者从"硬件"入手，后者从"软件"入手，"两手"要求家庭成员从本身做起，带动家庭，推动社会，改变以往不恰当的生活方式和消费观念，重新创造一种有利于保护环境、节约资源、保护生态平衡的生活方式和行动，是道德高尚、行为文明的体现。

一、绿色家庭的硬件——绿色住宅的创建

1. 住宅户型的设计

绿色住宅要求将生态学原理应用于建筑结构设计，赋予建筑以生命活力。充分体现自然通风、采光、隔热、制冷、绿化、美化及其他生态工程原理对建筑结构的要求。

2. 健康环保材料的使用

所谓健康材料是指对人体健康和对自然健康的材料，在绿色住宅的建设中，往往十分重视运用健康和符合可持续发展原理的材料，使用这类材料可以减少对自然环境的影响，有利于形成健康的室内环境。

在建筑施工期间，选择污染较少、浪费较少的生产方式，更多地采用环保材料、绿色材料。在建材选择方面，减少使用热带硬木、用塑料、再生铝材做代用品；选择可再生型材料，重复利用资源；选择当地材料，减少运输能耗。

3. 能源系统与水资源系统的优化

由于煤、油、气等常规能源具有污染环境和不可再生的缺点，因此，人类越来越重视新能源的开发。充分利用太阳能、生物质能等可再生能源作为建筑能源，降低对矿物能源的消耗，以太阳能供热、制冷及动力系统为主要目标，生物质能可考虑作为太阳能供热的辅助能源，是绿色住宅推崇的可持续发展的方式。

我国的很多城市都是缺水城市，即使南方的一些城市也是水质型缺水城市。因此，如何节约用水也是建设绿色家庭的重要目标。在绿色家庭的规划设计中，应该提出明确的节水目标与节水措施，鼓励居民采用节水型洁具，降低用水量。同时，在规划设计中，还应该强调屋顶雨水的收集以及污水处理与中水回用。

4. 固体垃圾的减量与分类回收

在绿色住宅内应具备内部废弃物的基本处理措施，或能够将废弃物就近进行处理，以达到废弃物在住区内部或最小范围内的转移和消化。垃圾处理分为干垃圾和湿垃圾处理两部分，干垃圾收集到小区外进行处理，湿垃圾采用庭院式小型发酵装置进行处理，生产的肥料用于小区绿化等方面。

二、绿色家庭的软件——绿色生活的建立

1. 低碳节能的家庭发展理念

低碳节能行为是当前国际能源结构的必然要求,提倡并实践低碳节能生活,是每一个人的责任和义务。低碳生活,狭义上即一种低能量、低消耗、低开支、简约的生活方式,以达到减少资源能源消耗和二氧化碳等污染物排放为目标的生活。广义上即家庭每个成员在追求财富积累、改善生活状态、提高生活质量中,从人与自然和谐的高度选择家庭的生活习惯和消费行为,使得单位成本行为的消耗资源能源量或耗碳量最少。在创建绿色家庭的过程中,要从衣、食、住、行、乐等主要影响资源能源消耗和二氧化碳排放的因素考虑。

2. 集约的能源消费结构

集约的能源消费结构,即在家庭能源消费中,选择低碳新能源,注重资源能源节约,注重资源能源的循环利用,注重节水节电和开发使用可再生能源,杜绝浪费和奢侈型能源消费。根据研究,每节约 1 千瓦时电,相应节约了 0.4 千克标准煤,4 升净水,同时减少 0.272 千克粉尘,0.997 千克二氧化碳,0.03 千克二氧化硫。在家电科技日益发展的今天,家家户户的电器均不在少数,因而电器的合理使用对节约水电等资源至关重要。如:电冰箱不要塞得很满,避免频繁放取物品;把空调设定在符合实际的温度范围内;洗衣服尽量累积到洗衣机容量,有计划的安排开机时间;改用节能型照明灯等。

3. 绿色的家庭消费行为

家庭消费尽量购买和选择绿色低碳产品，尽可能少购买能耗高、环境污染大的高碳产品，摒弃极力追求炫耀性、奢侈性、非利他性的消费、无节制的物质享受的价值观念和行为。使用低碳环保建筑材料和装饰材料，减少使用一次性生活用品，家庭安装光伏产品，优先选购有节能节水认证的家电产品，购买和使用新能源汽车等。

第二节　国内绿色家庭的发展、案例和经验

一、巴黎气候大会上的中国低碳家庭消费模式

2015年12月1日，在法国巴黎召开的全球气候大会论坛边会上，北京房山一户普通家庭欧阳湘萍的低碳消费模式被选作中国特色样本发送给在场各国代表专家们。在精彩的宣传页上，是欧阳家的绿色生活的介绍——

瓜果梨桃几乎全部用来自制酵素，酵素可以做花肥，也可以用来制作清洁用品；抽油烟机里的废油加上烧碱，被欧阳湘萍用来做成了肥皂；洗涤用品都是有机的，没有化学添加剂，因此洗衣服、洗澡、洗碗的水自然也可以二次利用；欧阳湘萍在阳台养了几只鸡，它们吃掉了剩菜叶，厨余垃圾几乎做到了零排放，水系统的改造则使这个家庭的用水大大减少……

作为北京市房山区的一个普通人家，欧阳湘萍的低碳消费模式之所以具有代表性，源于以下几个特点：

◇ 北京市民的信息来源相对多且快捷，可以代表中国家庭的发展趋势；

◇ 北京普通市民居住条件有限、时间空间有限、生活选择有限，也代表中国勤劳忙碌家庭的简单约束状况；

第二章　看一看：国内外绿色家庭创建案例及成效

◇ 北京空气污染情况不容乐观，生活在这里的普通市民通过参与度意识提高、行动力提升，在环境保护中体现出担当与责任。

那么，欧阳湘萍家庭所代表的中国低碳家庭消费经验与做法具体有哪些呢？

1. 生鲜果皮自制环保酵素

环保酵素，顾名思义就是将发酵的方法运用到环保领域的简单做法。酵素的名字主要在南太平洋群岛、日本、中国台湾等地区使用普及，英文名为 enzyme。在我国通常的解释是：环保酵素又称为酶，酶主要是生物催化剂，能加快各类生化反应速度，并不改变生化反应自身。

环保酵素的制作，不需加入任何化学合成物质，只是将红糖、生鲜厨余、水按照 1∶3∶10 混合在一起，常温发酵三个月以上，即可形成发酵混合物。根据发酵选择的生鲜厨余原料不同，环保酵素的具体成分和功效稍有差别，但是主要成分都很相似。除了少量的酶混合物，还有很多有利于清洁的低聚果糖、有机酸（乳酸、丙酸、丁酸等）、氨基酸、肽、维生素（B类、K）等。其中亲水的低聚果糖和疏水（亲脂）的有机酸等，组成了类似生物表面活性剂，加之各类果皮蔬叶本身的酶在红糖培养基的滋养后，形成更多酶，强化了居家清洁的基本功效，安全有效，省钱省心。

据研究环保酵素达 30 余年的泰国乐素坤博士和传播环保酵素到中国的马来西亚温秀枝医师及各类跟随实践者的研究数据显示：自制一大桶环保酵素的减碳效应相当于种植 10 棵大树，1 公斤酵素可以净化 1000 公斤水资源。自制环保酵素不仅减少了生鲜厨余丢弃或者露天堆放造成的污染，而且产生了巨大的生态环境保护效应。如今，世界各地尤其是中国数亿消费者自发加入自制环保酵素行列的生活实践，可见推广自制环保酵素是简单易行的低碳生活选择之一。

2. 天然有机洗涤物品取代化学洗涤用品

自制的环保洗涤用品配合天然植物如茶籽粉、无患子、长皂角等，或者小苏打，就成了天然的洗涤用品。用这样的洗涤物洗手洗衣拖地浇花，不仅安全方便，而且清洁有效，更主要是可以二次乃至三次四次循环利用家庭废水，也避免了各种化学物质流入下水道，进而污染生态环境。

可行的做法还有废油制皂。收集厨房抽油烟机的废油，加入少量的强碱如氢氧化钠之类，比例为强碱∶水∶废油1∶2∶10，简单搅拌并阴凉晾干1至2个月后，安全天然的自制肥皂使用。使用天然皂液或者洗涤用品，不仅减少了消费者自身的使用风险，而且节水省钱，有利于资源循环使用，环境友好发展。

3. 阳台养鸡　养花种菜

作为中国家庭传统养殖的习惯传承，阳台喂鸡是一种家庭消化厨余垃圾的方法，在倡导餐桌光盘的大前提下，既可以帮助家庭厨余快速转化为有机肥，鸡蛋的出产还平衡了家庭膳食结构。如果借助于发酵床技术养鸡，非但没有人们认为的异味，还可以有效提高动物生存率与生产率。

中国家庭本身就有养花种菜、陶冶情操的文化传承。尤其在当前空气污染状况尚未完全改善的情况下，增加绿化覆盖面积，可以净化室内空气，有益身心健康。

4. 中水利用　节能减排

如今，利用雨水收集系统打造海绵城市的理念逐渐形成并推广。作为普通家庭，我们可以先从学习水循环使用方法开始，利用好自家的水。作为中国低碳家庭样本的欧阳湘萍一家人，连同种养所需水量仅为月均家庭用水五吨。做法其实非常简单，即将洗涤用水节约下来清洁拖布，之后还可以再次用于浇花灌溉或冲洗卫生间等。尤其要推荐的是，采用环保洗涤用品后，洗涤用水本身也大量减少，加之可以多次循环利用，大大降低了全家的用水量。

二、"环保达人"家的生态阳台

很多人总觉得环保是那些专家教授才能解决的事，大多数普通人只能做些诸如少用一次性物品、平时背个环保袋出门而已。还有人会觉得，低碳生活是件很烧钱的事，只有大城市的一些富裕家庭才能做到。家住上海金榜世家小区的倪欢用自己的实际行动打破了这些观念。30多平方米的阳台被打造成餐厨垃圾堆肥的生态菜园；阳台的顶棚是太阳能发电板；阳台外停着一辆正在充电的新能源汽车……倪欢打造了一个自己的"聪明的生态阳台"，太阳能分布式电站、鱼菜共生系统、堆肥桶和新能源汽车称得上是生态阳台上的四大法宝。

1. 能发电的遮阳棚

倪欢家最为显眼的就是阳台上的一套熠熠闪光的黑色半透明玻璃

板——容量2.4千瓦薄膜光伏发电装置。这座铜钢镓硒（CIGS）太阳能薄膜分布式发电站是一个既可以遮阳，又能弱光发电的特殊环保装置，在下雨天和阴天也能发电。发电站一共有16块太阳能板，每块150瓦，装机总容量是2.4千瓦，总面积9平方米，长度10米。太阳能电站是一个并网系统，每发一度电可以马上使用，还能拿到国家补贴，收益率很不错。倪欢自己算了笔账，安装一个这样的电站10年左右就能回收成本，而这一装置的寿命是25年，算下来还能赚钱。"太阳好的时候，每天发电13度左右，超过我家的用电量。政府有发电补贴，每度电如果自发自用的话，除了不用缴纳电费，国家和地方补贴加起来每度电大约0.8元。如果家里没人，发的电会通过电力公司安装的电表直接卖给电网"。

倪欢家在多层住宅楼的一楼，有个将近30平方米的狭长形阳台，东南朝向的，所以早上和中午都特别晒，她最初的想法是做一个有活动摇柄的遮阳棚，但算下来大概要两万元左右的费用，而遮阳棚材料的使用寿命是10年，还不如太阳能薄膜的寿命长。太阳能发电板既充当了遮阳棚的功能，又能发电，性价比更高。

2. 养鱼不换水，种菜不施肥

鱼菜共生系统是倪欢跟着两个美国朋友学到的另一个生态环保设施，上面种菜，下面养鱼，空气泵会将下层鱼缸中的水抽到上层的种植盆，水在流回鱼缸前，鱼产生的排泄物会被种植盆中的碎石子截流，成为种植盆中植物的养料。借助水循环把鱼的粪便利用起来给蔬菜施肥，达到"养鱼不换水，种菜不施肥"的效果，既节水，又节约人力。

鱼菜共生系统有上下两层，上层的植物插在一个个小种植盆里，种植盆里面没有土壤，全是碎石头，但这些植物的根系会伸到有水喝有营养物质的地方，下层的鱼缸里有观赏鱼和食用鱼。旁边连接上下层的水管通过空气泵把鱼缸里含有鱼粪便的脏水抽到上层种植盆里，脏水经过小石头时，小石头会起到过滤作用，把鱼粪便拦截下来做营养物质培植物吸收，干净的水又经过管道回到鱼缸中。这个有效的自我循环和自我净化过程保证了鱼缸里的水一年都无须更换，而且因为露天放置，鱼菜共生系统还收集了很多雨水。空气泵的总功率只有40瓦，可以说是一个节能又环保的系统。

图 2-1　绿色光年为上海市进才实验中学定制的鱼菜共生系统

3. 厨余垃圾变废为宝

为了节约自家院子的空间，同时避免使用化学肥料并减少湿垃圾排放，她用厨余垃圾做堆肥，把院子变成了一个垂直小农场。堆肥的制作也很简单，把无油的厨余垃圾放在堆肥桶里，放点 EM 菌粉（酵素），菜叶果皮和菌粉分层放置，再把盖子盖起来密封好，菌粉能将厨余垃圾本身的水分分解出来，带出的有机物溶在水里形成环保酵素。

环保酵素按 1∶500 稀释以后，可以用于浇花、浇菜等日常浇水，为它们提供养分；还可以用来去除下水道的臭味。

堆肥的过程中，要确保堆肥桶的密封性能良好，减少外界空气和其他细菌对堆肥的影响。另外，温度对堆肥效率也有影响，通常夏天时厨余垃圾会很快分解完，而冬天进展则比较缓慢。

除了将厨余垃圾堆肥，倪欢家庭还特别注意干垃圾的减量。她的家里只有这么一个放干垃圾的容器，只放包装袋和小瓶子，而一次性餐盒之类的容器会收集起来进行重复利用。在生活当中买东西的时候吃多少买多少，尽量不要剩，这种生活方式比较好，而买的都是新鲜的，也更健康。

4. 新能源汽车和共享充电桩

2014 年国庆期间，倪欢购买了油电混合动力新能源汽车，并在阳台上安装了汽车充电桩。汽车停在外面可以马上充电，充 3 个半小时的电可以跑 70 公里。这辆车还配备了 50L 的油箱，路途比较远时可以从纯电模式切换到烧汽油的混合动力模式。

最近，倪欢家庭安装了个人充电桩共享项目，在小区固定车位上建了闵行区第一个共享充电桩。当倪欢的个人共享充电桩闲置（比如驾驶新能源汽车出门）时，只要附近也有正在寻找停车和充电的新能源汽车主，那么该车主即可前来停车充电，而充电服务费就成了家庭的额外收入。如此一来，在平台上共享充电桩后，既不耽误自家新能源汽车充电，还能额外赚钱，充分发挥充电桩的使用价值。个人充电桩共享项目旨在解决新能源车外出停车资源紧张及充电难两大难题。通过利用新能源车主的个人充电桩的空闲时间，充分发挥闲置资源的使用价值,打造共享经济。同时停车及充电盈利基本归属于桩主,做到为个人共享充电桩桩主谋取最大福利。

除了自家的充电桩,倪欢还联合社区居民一起推动在小区落地了上海第一个社区级别的集中式充电桩停车场,真正让低碳的福利从个人惠及社区。

在自家阳台践行环保本来只是个人的事情,但却逐渐影响到了整个社区。在装完太阳能电站后,这个高大上的装置一传十、十传百地传开了:邻居好友带着小孩、小孩带着同学、同学带着自己的邻居一波波地来参观。倪欢发现原来在社区这个层面,在普通居民的生活层面并没有这样的低碳环保设施提供给人来体验和认识。就是这个偶然的发现,第一次让倪欢有了成立环保组织的想法。她由此成立了环保公益组织"绿色光年",让更多小朋友、大学生、老师和家长参与进来,满足社区层面的家庭、孩子,以及学校老师对低碳环保设施和绿色生活方式的好奇心与学习的求知欲。在巨大的需求下,"绿色光年"设计的互动也越来越丰富,为更多家庭提供了绿色环保生活的参考方案。

三、低碳家庭节能改造——自然之友的"低碳家庭实验室"

家是社会庞大体系的基本单元,它不仅填充着社区、街道和城市乡镇,更叠加出人类社会的生态足印。住宅建筑是家庭的物质载体,住宅使用过程中产生了电、燃气、煤和水等类型的能源资源消耗。这些消耗主要从家用电器(如电视、空调、电脑等)、照明、采暖、生活用水(包括烧热水的能耗)、炊事等几个方面产生。

老旧小区因为既有的空间环境规划不佳,或者因为过去所使用的建材陈旧，使得老旧建筑物的能源逸散量大。"宜居要好房，好房要节能"——这是自然之友低碳家庭实验室项目的口号。2011—2016年间，自然之友团队与清华大学建筑节能研究中心等专业单位展开合作，进行了三期的低碳家庭节能改造试验，60多户家庭参与了节能改造活动，尝试了各种适用于家庭的低碳节能方法，总结出了可推广的"低碳家庭"样本。自然之友低碳家庭实验室项目团队从中得到启发，如何在讨论气候变迁和减少碳排放等大议题的前提下，让普通市民也可以深度参与呢？他们将目光瞄准了低碳家庭节能改造。

1. 保温隔热

目前，新建楼盘在设计建造过程中能够符合节能设计建造规范，采用的门窗使用标准配备、保温隔热效果较佳。而老旧社区或平房社区的保温隔热效果普遍很差。数据显示，建筑物的维护结构热损失主要来自以下几个部分：屋顶15%、门窗25%、外墙50%、地下室10%。由此可见，门窗及外墙是能量逸失的主要渠道。夏天，保温隔热不佳的门窗成了空调逸散、电费支出高的漏洞；冬天则冷风吹入，暖气也由门窗缝隙流失。

因此，参与低碳家庭项目活动的家庭中，九成都首先采取了节能保温隔热的技法。执行外墙外保温节能改造工程，以及更换保温效果更好的窗型后（如表2-1中钢木材质的镀膜玻璃窗，且采用平开上悬方式开闭），相当于给房子穿上一层有效的衣服，冬日室内温度的确大大提升。而节能门窗同时还有隔音、降噪、隔尘的附加效果。

第二章 看一看：国内外绿色家庭创建案例及成效

表 2-1 窗型保温效果对比图

型材	玻璃	开窗方式	保温效果
金属（钢、锅合金）	单层	推拉	较差
塑钢	双层中空	平开	一般
断桥铝	双层真空	平开上悬	较好
钢木	镀膜	平开上悬	最好

资料来源：自然之友低碳家庭项目实验室。

2.家庭节电与新能源的应用

在日常生活与工作中，培养良好的节电意识无疑是最重要的，比如，随手关灯、消灭待机现象等等。待机能耗是指电器插头连接插座但不使用的情况下所消耗的电量，看起来不起眼，但时间长了能耗相当惊人（表 2-2）。

表 2-2 低碳家庭记录待机能耗表（2013 年）

电器名称	使用时能耗（千瓦/时）	日均使用时间（小时）	日均耗电（度）	待机能耗（千瓦/时）	日均待机时间（小时）	日均待机耗电（度）	日耗电合计（度）电制（度）	待机耗电比率%
微波炉	1580	0.08	0.13	1.08	23.92	0.03	0.16	16.40
高压锅	935	0.01	0.01	0.3	23.99	0.01	0.01	56.39
电饭煲	650	1.5	0.98	58	3.00	0.17	1.15	15.14
液晶电视	104	4.00	0.42	16	20.00	0.32	0.74	43.48
纯平电视	112	1.00	0.11	0.66	23.00	0.02	0.13	11.94
电脑	230	5.00	1.15	4.8	19.00	0.09	1.24	7.35

(续表)

电器名称	使用时能耗（千瓦/时）	日均使用时间（小时）	日均耗电（度）	待机能耗（千瓦/时）	日均待机时间（小时）	日均待机耗电（度）	日耗电合计（度）电制（度）	待机耗电比率%
煤气热水器	150	0.75	0.11	3.31	23.25	0.08	0.19	40.62
手机充电器	3.7	1.50	0.01	0.25	22.50	0.01	0.02	50.10
洗衣机	165	0.75	0.12	0.46	23.25	0.01	0.13	7.95
无线路由器	5.7	7.00	0.04	1.5	17.00	0.03	0.07	38.99
空调	2400	8.00	19.20	0.8	16.00	0.01	19.21	0.07

资料来源：自然之友低碳家庭项目实验室。

除此之外，使用性能优良的节能产品，对于减少家庭用电开支、促进社会节能减排等也是必不可少的。在技术飞快发展的时代，每一期的家庭改造，自然之友项目组选取的示范家庭中都会涌现出新的尝试。例如：更换灯具，采用超高亮大功率LED光源，配合高效率电源，比传统白炽灯节电80%以上，相同功率下亮度是白炽灯的10倍；购买一级能耗的电器、采用定时开关和家庭智能系统等；安装2平方米左右的太阳能热水器供生活热水需要；有的家庭还开始尝试太阳能发电系统。

随着家庭光伏发电站的技术条件和产品零售市场逐步成熟，家庭自行安装和购买相关组件进行家庭节能改造完全可能实现。目前，国家也大力支持家庭光伏电站的发展。国家电网发布《关于做好分布式电源并网服务工作的意见》从2013年3月1日起实施，对于普通用户自建发电设施所产生的太阳能、风电等清洁能源，国家电网将按政府规定电价予以全额收购。这意味着居家光伏发电站生产的电可以并入国家电网出售，除给自家供电外，用不完还可以赚取收益。

3. 水的回收再利用

在低碳家庭的改造中，有许多人采取自制家庭废水回收系统，即根据自家的特点，设计废水回收管道和器具，省去了用盆和桶接水倒水，提高了废水回收的使用率。当然，并不是所有家庭都有条件自制回收系统，但使用现有的节水器具也非常有效，如选择节水型水龙头、沐浴喷头、马桶、洗衣机等。据行业专业测试数据显示，在相同使用习惯下，一个节水龙头、喷头比普通龙头、喷头节水 60%-90%，节水马桶比普通马桶节水 50%-75%，节水洗衣机比普通洗衣机节水 30%-50%。

4. 无毒装潢、家庭绿植与新风系统

现代人 80% 以上的时间在室内度过，如果室内空气品质较差，将对人体健康产生不良影响。这两年来，因空气质量状况不佳的缘故，大家越来越关注家中的空气品质问题。而家庭装潢产生的甲醛和 VOC（挥发性有机物）等有毒物质也越来越被关注。

在低碳家庭的案例中，改善装修材质、使用新风系统以及设计家庭绿植，是广泛采用的改善室内环境问题的好方法。同时，可以根据自己的需求购买空气净化器来改善家中的空气质量。但需要注意的是，通常空气净化器只能净化屋内的空气，但是长时间不开窗通风也会造成室内空气污染问题。而在加装空气净化器的同时，在室内安装新风

系统，可以有效解决换气和净化的双重问题。推荐选择有热交换功能的新风系统，在享受良好空气质量的同时也达到了节能的功效。

四、杭州：社会发展的低碳化

2008年，浙江省杭州市提出要在全国率先打造低碳城市。2009年12月，杭州市委、市政府发布《关于建设低碳城市的决定》，提出要把杭州建设成为低碳经济、低碳建筑、低碳交通、低碳生活、低碳环境、低碳社会"六位一体"的低碳城市。《决定》提出，到2020年，全市万元GDP二氧化碳排放量比2005年下降50%左右，比全国同指标高5到10个百分点。《关于建设低碳城市的决定》中提出了总计50条新政，包括实施"阳光屋顶示范工程"、实施城市"屋顶绿化"计划、编写低碳生活家庭行为手册等多条都与市民生活息息相关。

小卡片：杭州市《关于建设低碳城市的决定》中"倡导低碳生活方式"内容提倡生活简单、简约化，积极倡导低碳生活方式：少用空调，多吹风扇；自备水壶，少喝瓶装水；尽可能回收废弃物，做好生活垃圾分类；不使用一次性餐具，少使用塑料袋；洗澡使用淋浴方式，使用节水型淋浴头；自然晾晒衣服，尽量不用烘干功能；用传统的发条式闹钟替代电子钟；用传统牙刷替代电动牙刷；用手帕替代餐巾纸；使用再生纸；多到户外锻炼，尽量少用跑步机；尽量选用公共交通工具，多步行、骑自行车、乘坐轻轨或者地铁，多爬楼梯；乘坐飞机旅行时尽量少携带行李；使用节能灯泡替代钨丝灯泡；把电视机屏幕调成中等亮度；尽量食用本地应季蔬果；多用电子邮件等即时通信工具，少用打印机、传真机；在不使用时，及时关掉电脑显示器和电视机；

在购物时尽量选用本地产品、季节产品及包装简单的产品；尽可能采用电话会议的方式组织会议；多植树，多种花草；多利用井水、河水灌溉绿化或洗涤，尽量节约自来水，提倡水循环。加强低碳文化的传播普及，开展节能减碳全民行动，提倡"减碳饮食""低碳着装"，引导市民崇尚节约、反对浪费、合理消费、适度消费，戒除"面子消费""奢侈消费"陋习，促进人们日常生活的衣、食、住、行、用等方面从传统的高碳模式向低碳模式转变，养成健康、低碳的生活方式和生活习惯，消除碳依赖。

1. 构建低碳家庭标准

杭州一直积极倡导打造低碳城市，湖滨街道东平巷社区则全国首创了一套"低碳达标户"的标准。

从 2009 年开始，东平巷社区的工作人员就开始倡导如何让低碳生活进入社区，进入家庭。要想规范居民的低碳行为，需要制定一个低碳行为标准。社区的工作人员于是号召大家写低碳日记，并花了一年的时间，向居民们征集到低碳金点子 700 多项，例如旧伞面变环保袋、树叶制成环保窗帘、煤气炉双管变单管等等。

社区还聘请来杭州科技馆的专家对这些点子进行实效评估筛选，最终确定了家用电器类、生活类、用水用气类、交通出行类、创新类五大类 22 项为低碳家庭标准。该标准总分为 110 分，如家里养 10 盆以上花草可得 5 分、一周吃一次素食可得 5 分、私家车一周少开两天可得 7 分等。同时，标准设置了一类、二类、三类低碳达标户，对应分值分别为 95 分、90 分、85 分，以此来衡量居民们的低碳生活。对照"低碳达标户"标准，觉得自己达标的居民家庭按照先自荐，再由楼道推荐，最后经过由市专家、街道城管科、社工、居民组成的社区低碳达标小组评定的过程，获得"低碳达标户"的荣誉称号。

2. 垃圾分类实名制

杭州市的垃圾分类试点始于 2010 年 3 月 25 日，同年 4 月，上城区湖滨街道率先提出实行"垃圾实名制"。实行垃圾实名制，主要为了解决垃圾分类中责任不清的问题。通过可追溯的实名制，能够有效追踪到每一袋垃圾是哪户扔的，及时分析哪些分类没有到位，既便于跟踪指导，也可以通过定期公布家庭垃圾分类情况，起到监督的作用。

实行垃圾实名制后，发给小区每户家庭的厨房垃圾专用垃圾袋上都贴了门牌号。在小区城管服务社主任和卫生委员的组织下，由一名专职人员和一名社区志愿者定时检查垃圾分类情况，每月统计并在楼道内张贴的"垃圾分类积分示意图"上公布。该积分示意图上以"红、黄、绿"三色区分标注，每户家庭当天垃圾分类准确率达到 80% 标注为绿色，积 3 分；准确率 60% 至 80% 的标注为黄色，积 2 分；准确率低于 40% 的标注为红色，积 1 分。相当于一套月度"考核"系统，每户家庭的垃圾分类情况一看便知。

实名制不仅有约束，同样也有激励。垃圾分类做得规范、积分高的家庭，能够获得额外的免费垃圾袋，定期还会排名评比，得分最高的家庭将获得清洁工具等日用品。如果有家庭经常被亮"红牌"，会有义务监督员上门提醒。

3. 蚯蚓养殖箱

蚯蚓养殖箱是杭州湖滨街道东平巷社区发起的一项环保试验——

把蚯蚓放在收纳箱里,铺上泥土,利用蚯蚓来分解厨余垃圾,垃圾成沃土,沃土以养花。

蚯蚓分解厨余垃圾,在国外已有先例。1978 年,日本建设了一个 1.65 万平方米的蚯蚓养殖场,每天能处理垃圾 100 多吨;2000 年的悉尼奥运会上,160 万条蚯蚓为奥运村的垃圾处理立下汗马功劳。东平巷社区的这个妙招是丹麦哥本哈根大学的一位博士生带来的,理想状态下,一斤蚯蚓每天能吃掉一斤厨余垃圾,还能产生大约半公斤的蚯蚓粪。

制作蚯蚓养殖箱的箱子、蚯蚓、土壤等材料由东平巷社区为居民免费提供。具体操作方法十分简单,只需要在养殖箱里铺上三四厘米厚的一层土,放上几条蚯蚓,铺一层果壳菜叶;再铺上同样一层土,同样的蚯蚓、菜叶……如此重复铺四层,最后盖上盖子,蚯蚓养殖箱的准备工作就完成了。

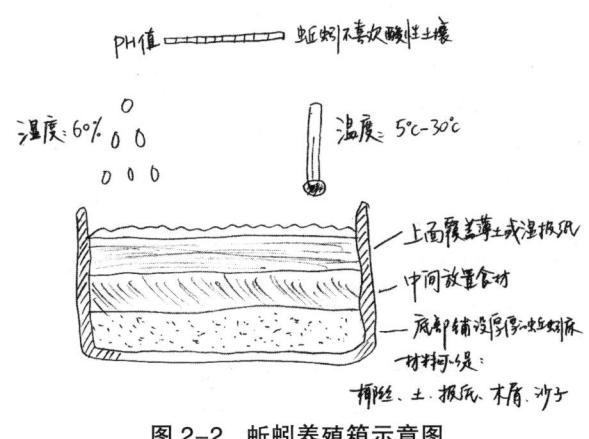

图 2-2 蚯蚓养殖箱示意图

腐烂发酵的食物和土壤一起被蚯蚓摄入,经过其自身消化,其中部分营养物质被蚯蚓吸收，如蛋白质、糖分、碳水化合物等，另一部分则形成粪便排出体外。蚯蚓粪无臭无毒干净卫生，含有丰富的氮、磷、钾、腐殖质、有机质及镁、硼、镍、锰等作物所需的微量元素，是水果、花卉、蔬菜和苗圃的高效肥料。同时，还有部分食物会被蚯蚓细化分解成有机碎屑，不过这些碎屑肉眼几乎无法分辨。这就是蚯蚓"蒸发"果皮菜叶的原理。

蚯蚓箱几乎没有异味，只有在打开盖子翻动黑土时，才会闻到轻微的发酵酸味。只要保证定时打理和给蚯蚓"喂饭"，也不用担心蚯蚓会从箱子中跑出。不过，蚯蚓只能解决菜帮子、果核等垃圾，对已经做熟的剩菜就"无能为力"了。

气温在20℃左右的环境最适宜蚯蚓活动和繁殖。以居民家中的饲养箱为例，在冬天，十几条蚯蚓将一两左右的食物完全分解，需要半月左右的时间。而到了春天以后，气温在20℃左右时，蚯蚓们的胃口就会大开：消灭相同分量的食物，只需要三天左右。

第三节 国外绿色家庭的发展、案例和经验

一、风靡美国的家庭环保顾问

人们都听说过家庭律师、家庭医生、家庭理财顾问等，现在又出现了一个新的职业叫"家庭环保顾问"。家庭环保顾问会告诉你家庭如何节能、如何减少室内污染、如何实现家庭与环境的最佳协调等，环保顾问会帮助你在环保的同时减少能源的支出和提升健康状况。

1. 环保风吹进千家万户

斯德哥尔摩环境研究院的经济学家弗兰克·阿克曼说，并不是所有的环保努力都能造成一样的效果。《可持续能源——不讲空话》的作者、剑桥大学物理系教授大卫·麦凯提出："我们只能做一些很小的事情，例如我们不用手机的时候可以关机并减少充电次数，但这一切就像是杯水车薪。减少手机使用所节省的能源相当于少开一秒钟的车。"节约能源的可能性隐藏在生活的方方面面，有时却并不容易为人们察觉，但富有责任感的人们仍然有希望可以在环保顾问的指导下环保地生活。

乔治·布兰森和阿丽娜·桑切斯就是这样一对十分热衷环保生活的夫妇。他们觉得，虽然自己在节约能源方面已经做得不错了，但日

常用水量始终降不下来。桑切斯说："我为了节省洗澡水已经绞尽了脑汁。"

为了将环保做得更好，他们请来了"洛杉矶低影响生活"组织的创始人詹森·佩利提。两个半小时之后，检查完134平方米的房子、280平方米的后花园和车库，佩利提给了一份详细的报告，列举了改进所需要的花费，以及改进后家里耗水耗电量与他们所在地区平均耗水耗电量的对比。佩利提建议他们减少30%到40%的花园洒水量、提高阁楼绝缘性、换掉旧热水器和一个莲蓬头。此外，佩利提说，如果他们俩换掉车子——布莱森先生1997年买的萨博和桑切斯女士1998年买的沃尔沃，改成相对省油的混合动力车，一年可以节省1200美元的汽油费，并减少50%的汽车尾气排放。

乔治·布莱森和阿丽娜·桑切斯认为，相比自己在互联网上找到的信息，环保顾问的建议更有用。布莱森说："这是一次很有用的检查，顾问的建议很明确。这次检查为我们今后的环保生活打下了很好的基础。"最后，佩利提收取了200美元的咨询费。

2. 一个新兴的创意行业

美国科罗拉多州环保顾问公司 Gen Green 表示，自从2007年创办以来，公司列出的环保条例已经从657条增长到4000条。他们的顾问包括能源审计员、健康与保健专家、室内设计师以及一些精通绿色环保的房地产经纪人。"Green Choices"是一个消费者联盟网站，提供很多关于环保产品的信息。网站负责人瑞根博士提醒大家在准备雇一个环保顾问之前，应该首先自己做一些研究工作，明确重点处理哪块区域——毕竟请一次环保顾问要花费几百美元。

46岁的纽约独立电影制片人萨尔·斯卡玛多聘请了一位环保顾问。在此之前，他的家已经有很多环保之处，例如60平方米的房间内没有安装空调，屋子外面没有草地，斯卡玛多也不需要每天开车。他说自己聘请环保顾问的动机是喜欢有人到他家来分享他的生活方式，并能够对他的不足之处提出意见。他还希望环保顾问能够看出他在家里精心策划又隐藏得很好的设计细节。

斯卡玛多带着格林·艾琳公司的环保顾问斯蒂芬妮·葛雷格曼参观了他的家。格林·艾琳公司拥有来自45个州、受过网上培训的300多名环保顾问，他们提供环保生活方案供客户选择，只收取99美元费用。

经过90分钟的专业检查，葛雷格曼女士发现了多处"禁忌"：斯卡玛多家里有9个白炽灯、一整橱的化学清洁剂，七个家电关机以后还在继续用电。斯卡玛多半恳求半开玩笑地说，不要拿走他的"火焰灯"。长期致力于环保问题的葛雷格曼女士给出一些建议：使用节能灯和利用本地的风能电；使用手绢或抹布来代替纸巾；避免使用塑料袋和塑料容器；买无毒清洁剂来取代化学清洁用品；用厨房剩余物自制有机肥料。她还建议斯卡玛多定个闹钟，把洗澡时间控制在5分钟之内。

斯卡玛多拒绝了利用厨房剩菜制作肥料，因为附近没有合适堆肥的地方。他认为这些与他的生活方式并不合拍。即使如此，他还是接受了大部分关于环保节能的建议并付诸实施。比如，为了在5分钟内洗完澡，他改掉了洗澡时刮胡子的习惯。

3. 环保不仅仅是一种责任

尽管现代人对家庭生活中的环保问题很注意，但个人和家庭的环保行为到底有没有用？环保顾问佩利提指出，如今客户的需求和动机已经有所变化。以前大多数客户不仅仅是担心环境，而且还想与自己的邻居攀比，如今，已经将环境保护视为"对子孙后代负责"，即"积极的保障未来的政策。工农业、城市建设、交通都必须谨慎使用有限的自然资源，如能源、原料、地面和水，从而使子孙后代也能有稳定的气候、物种丰富的自然环境、肥沃的土壤和足够的水资源。"这就不仅要求国家的积极行动，而且要求消费者个人都具有环保理念，政府责任与公民参与二者有机地结合在一起才是将环保进行到底的王道。

二、英国：低碳概念的开创者

英国是世界上最早提出并率先发展低碳经济的国家，低碳理念深入人心，低碳经济快速发展，整个国家正在向低碳经济社会转型。在英国，1/4 以上的碳排放来源于家庭住宅能源使用，为此，英国政府把家庭节能减排放在低碳经济社会建设的突出位置。

1. 战略引领

英国政府从宏观层面明确家庭节能减排的重要地位，提出家庭节能减排的战略目标和思路，指导微观层面的具体工作，特别是对能源供应商、建筑行业、家庭住户等的行为加以引导。这些宏观政策主要体现在政府能源白皮书、低碳转型计划等重要文件。

2003 年英国《能源白皮书》明确提出：为实现 2050 年 CO_2 减排目标，要支持家庭提高能源使用效率，电、气供应商要鼓励其居民顾客投资改善住房节能条件，并提高新建和新装修房屋能源效率标准。2007 年，《应对能源挑战：能源白皮书》针对家庭节能减排，提出建立住宅建筑能源效率认证制度，住宅的兴建、租售、抵押等都须通过能源效率认证。2009 年，作为低碳化发展行动路线图的《英国低碳转型计划——气候和能源国家战略》发布，明确要求每个人都减少自己的碳排放，政府为个人、社区和企业提供各种帮助，包括实施由财政支持的家庭隔热和能效提高项目。这个计划还对家庭和社区低碳转型做出全面部署，要求通过提高能效和采用低碳能源，使 2020 年英国家庭温室气体排放比 2008 年减少 29%，2050 年家庭直接温室气体排放占全国总排放的比重由 2008 年的 13% 降到接近于零。

2. 立法保障

英国自 2003 年提出发展低碳经济以来，颁布实施了一系列推动及保障低碳发展的法律，其中不少法律都对家庭节能减排做出了规定。如 2008 年颁布的《气候变化法案》设定了到 2050 年英国 CO_2 排放量比 1990 年减少 80% 的具有法律约束力的目标，建立了碳预算制度，并就气候变化影响评估、碳交易、为应对气候变化提供支持等做出规定，对英国乃至全球应对气候变化、促进低碳发展具有重大影响，对促进家庭节能减排也具有重要作用。2008 年《能源法案》就小型低碳电力生产的税收返还等做出专门规定。这种小型低碳电力生产是利用可再生能源或其他低碳途径的电力生产方式，既可降低电力传输过程的能源损耗，又可将家庭、社区、企业从被动的电力使用者转变为主动使用者，从而推动普通民众参与到国家低碳经济发展中来，使低碳发展理念深入人心，并形成整个社会的自觉行动。

在有关建筑法案中,还对建筑节能做出了一系列规定。英国多次修订建筑法规,不断提高建筑物最低能效标准,促进建筑节能,减少CO_2排放。如建筑法规明确规定,根据目标CO_2排放率(TER)来确定新建居民住宅全部能效的最低标准,计算住宅实际CO_2排放率(DER),确保DER不大于TER。这就要求新建住宅更加隔热,采暖系统具有更高的能效。从这些情况看,无论是应对气候变化的纲领性法律规范,还是能源、住宅、建筑等方面的法律规范,都对英国家庭节能减排、低碳发展提供了有力保障。

3. 项目推动

英国政府关于家庭节能减排的目标任务、规划部署很多都通过具体项目来落实。这是一种由政府引导、企业运作、家庭和社会参与的工作模式,即政府确立项目或计划,并安排一定的补助或奖励资金(有的采取其他融资方式),由企业或其他中介组织来实施,发动居民家庭和社会公众参与。这种方式有利于调动各个方面的积极性,形成推动家庭和社区节能减排的合力。这里简要介绍几个案例:

(1)碳减排目标计划(Carbon Emission Reduction Target,CERT)。这是一项针对家庭住宅节能减排的计划,通过能源供应商来实施,主要目的是帮助家庭住户减少CO_2排放。该计划要求能源供应商设立针对家庭的碳减排目标,通过采取获得认证的节能低碳措施来实现。每个供应商都分配一定的碳减排任务,并有责任推广节能减排措施,还可对住户实施强制干预以实现节能减排。供应商通过能源账单把完成碳减排目标计划的成本转移给住户。一般来说,住户采取节能减排措施节省的开销远超被转移过来的成本,从而激励住户积极开展节能减排。据 CERT 计划最终报告显示，通过项目实施，共减少碳排放 296.9MtCO$_2$。

（2）智能电表实施项目（Smart Metering implementation Programme）。根据英国低碳转型计划确定的到 2020 年所有家庭安装智能电表的要求，2011 年英国政府出台了一项在全国范围推广智能电、气表的计划，到 2019 年底全面完成计划投资 113 亿欧元，在英国 3000 万个家庭和企业中安装 5300 万个智能电表。安装智能电表可以使用户获得实时信息，了解能耗情况，控制能源使用，节约能源开支，减少 CO_2 排放。能源供应商可以获取准确数据，有利于提高对客户的服务质量，降低成本。智能电表是建设智能电网的关键环节，而智能电网能更好地管理整个电力系统的需求及风能、太阳能等新能源。

（3）"边省边付"节能试点项目（Pay As You Save，PAYS）。该项目旨在探索一种新的融资方式来激励住户在家中安装节能、微型发电设施，采用可再生供暖技术等。这个项目由英国能源与气候变化部和社区与地方政府部安排，由节能信托基金会（Energy Saving Trust）负责实施和管理。该项目给每个物业单位提供 2 万英镑贷款用以支付节能措施费用，利率为零，还款期最长可达二十五年，安装太阳能板还可享受上网电价优惠。参加试点的家庭可受惠于能效提高、微型发电技术，在家中进行实心墙隔热改造、安装太阳能板等，而不必支付预付成本，而且能够减少家庭能源支出和 CO_2 排放。

英国从其 1/4 以上碳排放来源于家庭住宅的实际出发，把家庭节能减排作为低碳社会建设的关键环节，并采取一系列政策措施，取得了很好的效果。这样做，不仅抓住了碳排放的重点领域，而且也抓住了家庭及社会的主体——广大民众。民众的参与，一方面可以直接实现家庭节能减排，另一方面通过增强其低碳意识，有利于促进全社会低碳发展。

三、日本：将低碳社会作为发展方向

为了应对全球气候变暖带来的不利影响，日本倡导和发起了《京都议定书》，提出"低碳社会"是发展"低碳经济"的基础。2007年，日本开始致力于"低碳社会"建设，提倡物尽其用的节俭精神，力图通过改变消费理念和生活方式，从高消费社会向高质量社会转变，同时实施低碳技术和新的制度来保证温室气体排放的减少。

1. 公众的环境意识高

日本公众把控制家庭生活对环境影响作为家庭生活中的重要内容。"环境家计簿"就是家庭记账本，在日本已经广为流行。一般的家计簿是用来记录和管理家庭的收入和支出的，而"环境家计簿"则是记录家庭生活中与环境有关的事情和行动的账本，通过它，日本家庭能够了解到自己家究竟产生了怎样的环境负担，以及如何才能改善这样的情况。

"环境家计簿"一词最先由日本环境厅（部）使用。1992年联合国环境与发展大会后，日本环境厅最先设计制作了环境账本，并发给各个省市。接着民间开始出现各种各样的环境账本。1996年日本环境监察协会的董事长山田国广出版了《1亿人的环境账本》一书，这本书配合关西生活协同组合联合会正式拉开了环境账本运动的序幕。

"环境家计簿"虽然有各种不同类型，但是大都采取相近的方式计算二氧化碳的排放量，即先填入家庭各类能源的使用量和垃圾分类后的排量（表2-3至表2-6），每项数字乘以排放系数后，即可得出二氧化碳的排放量，由此来识别和调整家庭活动对环境产生的影响。

表 2-3 电费环境账本记录表

电费记录表*	使用量（kwh）		电费（元）		同月比（%）		二氧化碳（kg）		氮氧化物（kg）		二氧化硫（kg）		碳粉尘（kg）		备注
	本月	去年同月	本月	去年本月	本月	去年本月	本月	去年本月	本月	去年本月	本月	去年本月	本月	去年本月	
1月															
2月															
3月															
……															

★记录方法

1. 根据电力公司的收据，使用量和去年的使用量做对比
2. 去年同月比 = 本月使用量 ÷ 去年同月使用量
3. 二氧化碳排出量（kg）= 度数 ×0.997
4. 氮氧化物排出量（kg）= 度数 ×0.015
5. 二氧化硫排出量（kg）= 度数 ×0.03
6. 颗粒物排出量（kg）= 度数 ×0.0272

表 2-4　煤气环境账本记录表

煤气记录表*	使用量（m³）		电费（元）		同月比（%）		二氧化碳（kg）		氮氧化物（kg）		备注
	本月	去年同月	本月	去年同月	本月	去年同月	本月	去年同月	本月	去年同月	
1月											
2月											
3月											
……											

★ 记录方法

1. 根据煤气公司的收据，使用量和去年使用量做对比
2. 去年同月比 = 这个月的使用量除以去年同月使用量
3. 煤气根据使用量的不同，每度电的费用也不同，请每个月都计算：煤气平均单价 = 每个月的费用除以煤气使用量
4. 二氧化碳排出量（kg）= 使用量 × 0.584
5. 氮氧化物排出量（kg）= 使用量 × 0.00171

表 2-5　用水环境账本记录表

用水记录表*	使用量（m³）		电费（元）		同月比（%）		二氧化碳（kg）		氮氧化物（kg）		备注
	本月	去年同月	本月	去年同月	本月	去年同月	本月	去年同月	本月	去年同月	
1月											
2月											
3月											
……											

★ 记录方法

1. 根据自来水公司的收据，使用量和去年使用量做对比

2. 去年同月比 = 这个月的使用量除以去年同月使用量
3. 二氧化碳排出量（kg）= 使用量 ×0.037
4. 氮氧化物排出量（kg）= 使用量 ×0.00171

表 2-6 垃圾环境账本记录表

		垃圾量			
		大	中	小	家具等大型垃圾
1月	第一周				
	第二周				
2月					
3月					
……					

2.垃圾分类收集清晰有序

在日本，家庭生活垃圾主要分为可燃性资源垃圾、不可燃性资源垃圾、一般垃圾和可破碎处理的大件垃圾四大类，每一类垃圾都有着严格的分类标准和回收注意事项。

（1）可燃性资源垃圾包括报纸、纸箱、纸盒、杂志、书、小册子、旧布料和利乐包。其收集的注意事项包括：报纸、纸箱、杂志等分别用绳子绑好；利乐包必须冲洗干净、拆开、晾干用绳子绑好等。

（2）不可燃性资源垃圾包括饮料罐、茶色瓶、无色透明瓶和可以直接再利用的瓶类,其注意事项有：铝罐、铁罐可以放到一个袋子里；瓶类必须冲洗干净、取下瓶盖，按上述分类分别放入透明袋中，可以直接再利用的瓶类不要打碎。

（3）一般垃圾（长度在50cm以下的可溶化垃圾）包括厨房垃圾、纸屑类垃圾、草木类（长度在50cm以下）、包装袋类、皮革制品、容器类、玻璃类、餐具类、非资源性瓶类、橡胶类、塑料类、棉质白色衬衫以及衣服、毛线类。其收集也有严格的注意事项，如厨房垃圾要充分脱去水分，草木类必须去掉土渣、并且长度在50cm以下等等。

（4）可破碎处理的大件垃圾（长度2m以下的物品、可破碎的物品、可以再利用的金属类物品）包括小家电类、金属类、家具类、自行车、轻车辆、陶瓷类、罐类、被褥、窗帘、地毯、床单类、电源导线等。其中还特别注明如煤气罐、喷雾器、打火机等危险品必须钻孔、放出残留气体。危险品、有害垃圾必须分开、放入不同的透明袋。小家电类、金属类、罐类以外的大件垃圾要按种类不同分别装袋。

日本家庭依据清晰垃圾分类，按照垃圾收集中心发放的带有颜色标注的垃圾分类日历，准时回收家庭生活垃圾。台历上不同的颜色代表着不同类别的垃圾在当天进行回收，一般垃圾、大件垃圾、可燃性资源垃圾及不可燃资源垃圾都可以在规定的时间、按照规定的方式、送到指定的收集点。在指定的收集日以外、夜间以及指定时间以外，都不能随便扔垃圾，必须直接运到市综合环境中心处理。

3. 住宅理念与环境共生

日本家庭对住宅选择和装饰秉承简约、环保理念，体现了与环境共生的特质。首先，日本家庭在住房房型的选择上，一向以小巧、适用、经济而著称，日本家庭的住房总面积多为60-80m^2左右，在一定程度上节约了有限的土地资源。其次，通过使用绿色能源技术、生态建筑技术以及适合人的尺度的设计等手法打造与环境共生的住宅，减少对自然资源的消耗，同时提高生活质量。

环境共生理念主要有三个基本特征：特征一是保持地球环境。要求在住宅的生产、建设、维护、废弃的各个阶段，节约资源与能源。充分利用自然能源和未利用能源，以保护地球环境。主要表现在：减少能源消耗，提高利用效率，充分利用自然能源和未利用能源，提高耐久性和减少环境负荷和废弃物排放。特征二是与周边环境的协调。要求在设计、结构、施工、维护管理、居住方法等各方面，重视与周边环境和社区的协调。特征三是居住环境健康、舒适。要求在设计、维护管理、居住方式等各方面，都要努力实现住宅内外的居住健康性和舒适性。主要表现在：享受自然的恩惠（如使用天然材料、主居室日光照明充足）和健康舒适的室内环境等。

纵观本章，国内外典型的绿色家庭都具备一定的经验模式，硬件上表现在体现生态工程原理的住宅结构、健康环保的装修材料、资源节约型能源与水系统、可就近消纳处理固体废弃物，软件上则更多体现在低碳节能、消费集约的绿色生活方式上，而后者尤为重要。在日常的衣食住行游中开始行动，使环保理念和环保行为由抽象模糊变得生动可感，使绿色、低碳、减排、乐活……这些先进的理念成为生活中实实在在、不可或缺的一部分，助力我国绿色发展，实现美丽中国的美好愿景。

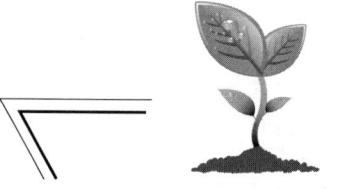

第三章

学一学：如何创建绿色家庭

绿色发展新理念——绿色家庭

第一节　创建绿色家庭，也有标准可循

一、全国绿色家庭创建

1. 全国绿色家庭创建的背景和管理部门

始于 2000 年的绿色创建活动，是原环境保护部和教育部等部门为积极倡导生态文明，构建资源节约型和环境友好型社会，所开展的全国性环境宣传教育活动，为科学发展观和生态文明理念在全社会的确立提供了有效载体。

为进一步发挥家庭在构建社会主义和谐社会，建设资源节约型、环境友好型社会中的重要作用，全国妇联和原国家环境保护总局（现生态环境部）从 2005 年开始，决定联合表彰全国"绿色家庭"，并于 2005 年和 2007 年分别举行了两届表彰活动，共表彰了 568 个绿色家庭。

2005 年，原国家环保总局联合教育部和全国妇联首次对 100 个绿色家庭进行表彰。2007 年，在隆重纪念"6·5"世界环境日的活动中，原国家环保总局联合有关部委和地方政府开展了"全国绿色社区创建活动启动仪式暨绿色家庭现场演示会"。时任原国家环保总局局长解振华在出席主会场活动时发表讲话指出，绿色创建活动，对于提高群众环境意识，鼓励公众参与，推动环保事业发展具有重要意义。要以

创建工作为契机，集中力量解决一些突出的污染问题，让环境得到改善，人民群众得到实惠。随后举行的绿色家庭科学生活现场演示会展示内容更加贴近生活，同衣食住行紧密联系。包括怎样检测室内空气质量，环境标志的识别，节水节电小窍门，怎样识别有机食品、绿色食品等，受到社区群众的欢迎。

2. 绿色家庭创建的内容要求

根据2005年原国家环保总局和全国妇联发布的《关于开展全国"绿色家庭"联合表彰活动的通知》要求，绿色家庭应符合以下条件：

家庭成员关心绿色家庭创建，注重知识学习，自觉履行环境保护义务；以倡导文明、科学、健康的生活方式为基础，使广大家庭树立绿色环保、节能减排的科学观念，增强绿化美化、节能环保、建设生态文明的意识，提高绿色家庭标准和水平，推动城乡生态环境建设。

表3-1 "绿色家庭"具体标准[①]

1. 整洁卫生	（1）家庭环境整洁优美，室内空气清新，无杂物乱扔乱堆现象，做到窗明几净 （2）家具、被褥、衣服等物品摆放整齐 （3）厨房、卫生间整洁无油污；院落、阳台、楼道无乱堆乱放，维护公共环境卫生 （4）庭院无垃圾、无杂草、无污水、无乱堆乱放

---

① 江苏省环境保护厅.第二届全国"绿色家庭"评选拉开帷幕【EB/OL】. http://www.jshb.gov.cn/jshbw/xcjy/xcdt/200909/t20090901_94743.html，2007-03-08.

（续表）

2.绿色环保	（1）有节约用水观念，使用节水器具，一水多用 （2）节约用电，尽量使用节能型家用电器，做到随手关灯、关闭长时间不用的电器电源 （3）垃圾分类处理，及时清理，废电池不乱扔 （4）使用无磷清洁产品，尽量不使用一次性餐盒和筷子，买菜、购物使用菜篮或环保袋，尽量不用塑料袋，拒绝白色污染 （5）根据有关规定管理好所养宠物，家畜家禽要圈养
3.绿化美化	（1）立足房屋楼道、阳台、窗台、庭院、楼顶，大力开展家庭绿化 （2）居室内种植有利于净化空气的绿色植物。盆栽花卉不少于5盆。有条件的家庭要绿化美化阳台 （3）庭院要见缝插绿，花、菜栽种搭配合理，做到三季有花、四季有绿。房前屋后空地要绿化美化，做到种满种严，打造优美环境
4.公共绿化	（1）自觉清除房前屋后的各种杂物，积极参与社区（村庄）环境整治 （2）对自家庭院房前、屋后的空地进行绿化美化，实现种满种严，打造优美环境 （3）讲公德。不乱扔垃圾、不随地吐痰、不乱堆乱放、不乱贴乱画，生活习惯文明健康，爱惜环境

3. 标准的使用情况

在绿色家庭创建活动中，全国各地许多家庭都以强烈的责任感和高涨的热情，投身创建"绿色家庭"，积极建立科学、文明、健康的生活方式，并带动更多的家庭和群众参与到营建"绿色家庭"这项利国利民的活动中来。568个获得表彰的绿色家庭成为全国亿万家庭学习的榜样，为全社会进一步提高环境意识，从家庭做起，爱惜资源，保护环境，积极发挥家庭在环境保护中的作用，为构建社会主义和谐社会贡献了积极力量。

二、绿色家庭创建的地方特色

在国家有关部门的组织引导下，全国绿色家庭创建活动带动各省市因地制宜，开展了富有地方特色的绿色家庭创建工作。

1. 北京

在北京，绿色家庭是积极参与社区环保活动，带头实施绿色生活方式的家庭。通过这些家庭影响和带动其他家庭选择绿色生活方式，使更多的家庭加入到绿色家庭的行列里。如果要创建绿色社区，那么社区中的每个家庭都应该通过选择绿色生活来参与环保。参照国家标准，进一步结合北京的环境特点，进一步细化绿色家庭创建要求，增加活动可操作性，易于开展，北京市提出的绿色家庭创建行动重点见表3-2。

表 3-2　北京市绿色家庭创建行动重点[①]

1. 节水光荣（Water Conservation）	养成良好的用水习惯，节约用水： • 不要开着水龙头用长流水 • 一水多用，尽量使用二次水 • 水龙头有滴漏尽快维修 • 洗淋浴时间不要太长 • 厕所的水箱里放置一个装满水的容器，可减少每次冲水的量 • 建议尽量使用节水龙头 • 少量衣服用手洗，不用洗衣机
2. 保护水源，减少水污染（Protection of Water Resources and Pollution Mitigation）	我们能为减少水污染做些什么呢？ • 别去饮用水源地游泳、捕鱼和划船 • 不要在河边、湖边倾倒垃圾及废弃物 • 剩菜倒入垃圾箱，洗碗盘时少用洗涤灵 • 选购无磷洗衣粉和洗涤剂 • 见到污染水源的现象，及时制止，或报告有关部门
3. 养成节电的美德（Energy Conservation）	节电的办法： • 随时关掉不用的灯，不开长明灯，白天尽量利用自然光 • 家用电器不用时应关掉，不要待机耗电 • 尽量用扫帚和抹布打扫卫生，减少吸尘器的使用 • 尽量少开空调，用风扇防暑降温比空调省电力 • 经常清洁灯管、灯泡或冰箱后面散热器上的灰尘 • 集中存冰箱食物，减少开关次数，存取后尽快关好冰箱门 • 尽量使用节能灯具
4. 争做公交族或自行车族（Pride in Using Public Transportation）	多利用公共汽车、电车、地铁等公共交通工具，既可节约汽油，又可减少汽车尾气排放带来的大气污染，还可缓解道路的堵塞： • 建议做公交族或自行车族 • 有汽车的人尽量少开车

[①] 百度百科.绿色社区【DB/OL】.https://baike.baidu.com/item/%E7%BB%BF%E8%89%B2%E7%A4%BE%E5%8C%BA/6690381？fr=aladdin,2018-04-04.

第三章　学一学：如何创建绿色家庭

（续表）

5. 使用再生纸（Using Recycled Paper）	节约用纸，使用再生纸。一吨废纸能生产 800 千克再生纸，可少砍 17 棵大树，节省 3 立方米垃圾填埋空间，还可以节约一半以上的造纸能源，减少 35% 的水污染
6. 绿色产品和绿色食品（Consuming Green Products and Organic Foods）	• 选购绿色产品（GreenProducts）："绿色产品"是指在生产、运输、消费、废弃的过程中不会给环境造成污染的产品，这些产品外都贴着环境标志。要尽量选购有环境标志的商品或环保产品：无氟冰箱和不含氟的发用摩丝、定型发胶、领洁净、空气清新剂等，无铅汽油、无磷洗衣粉、低噪声洗衣机、节能荧光灯、无镉汞铅的环保普通电池和充电电池等。不要选购过度包装的商品 • 选购绿色食品（OrganicFoods）："绿色食品"是我国经专门机构认定的无污染的安全、优质、营养类食品的统称。尽量选购带有绿色食品标志的食品，包括饮料、酒类、果品、乳制品、谷类、养殖类等。选购绿色食品不仅可以促进我们的健康，也会给绿色食品行业带来生机，使生态环境得以改善
7. 少用一次性制品（Avoiding Disposable Products）	尽量多用可重复使用的耐用品： • 自带饭盒用餐，少用一次性快餐盒 • 在商店买东西时，少领取塑料袋，购物时带上购物袋 • 重复使用已有的塑料袋 • 少用一次性筷子，外出就餐时，可自备筷子或勺子 • 少使用纸杯、纸盘、塑料保鲜膜等 • 少使用木杆铅笔，可以选择自动铅笔
8. 做好垃圾分类回收（Waste Sorting and Recycling）	举手之劳，就可使垃圾变成造福人类的宝贝： • 在家里设置几个垃圾筐，把垃圾分为废纸、废塑料、废玻璃、废金属和废弃物几类 • 如果所住小区没有实行垃圾分类，可以联系回收厂家上门回收废品 • 如果所在小区实行了垃圾分类，要按分类垃圾桶的标示分类投放垃圾 • 可以用废纸和北京市造纸七厂交换再生的作业本、复印纸、电脑打印纸等再生纸

(续表)

9. 爱护动物，保护自然（Protect Nature and Love Wild Animals）	从身边做起，从源头开始保护野生动物，爱护万物： • 不吃野生动物做的菜肴，如熊掌、猴脑、鱼翅及各种珍稀鸟禽，不去食用野生动物的饭店就餐 • 不穿珍稀动物毛皮服装，不使用野生动植物制品，如象牙、虎骨、红木家具等 • 看到偷猎或偷卖野生动物的现象时，要进行劝阻，或向有关部门报告 • 在动物园要尊重动物的安宁，不恫吓它们或乱投食物 • 不捕捉和饲养野生动物，遇到受伤害的野生动物，及时报告有关部门，设法救护
10. 参加植树护林等环保活动（Participate in Gree Planting and Forest Protection Activities）	积极参加植树护林的各项环保活动： • 爱护每一块绿地，积极绿化造林活动 • 看到毁树毁林行为要及时劝阻、制止或向有关部门报告 • 去郊外游玩时，不攀折、践踏花草树木，不随便采集标本 • 参加领养树的活动，照料它成长，让它成为你家庭的一员

2. 浙江

浙江是全国开展绿色家庭创建工作较早的省份，多年来，由浙江省妇联和浙江省环保厅在全省范围内评选省级绿色家庭。2015年，浙江省绿色家庭创建工作又融入和新的内涵和任务——贯彻落实美丽浙江建设，大力弘扬绿色发展理念和生态文明主流价值观，结合举办G20活动，引导广大家庭成员树立勤俭节约、绿色低碳、文明健康的行为习惯和生活方式，推动形成以广大妇女和家庭为重要参与力量的生态文明社会行动体系。浙江省绿色家庭评选条件如表3-3所示：

表 3-3　浙江省绿色家庭评选条件 [1]

评选条件	1. 具有可持续发展理念和节能环保意识。积极参与"五水共治""清河治水·美丽人居"巾帼行动、"共建共享美丽人居环境行动"等绿色创建活动，有良好的公共环境道德和日常生活习惯，为"两美"浙江建设做出积极贡献 2. 践行低能量、低消耗、低开支、低代价的家庭低碳生活方式。家庭成员厉行勤俭节约，杜绝过度消费，注重绿色消费，自觉节约能源、节水、节粮、节电、节纸、节约钱物等有相应措施。积极参与节俭文化传播、节俭节约家训家风讨论、闲置物品交换等活动，争做节约型家庭 3. 自觉参与各类环保公益活动。具有强烈的社会责任感，积极参加"迎接G20·家家见行动"、文明家庭文明行、文明用水、垃圾分类等环保公益志愿活动 4. 家庭和睦，邻里团结。主动学习低碳生活知识和节能减排技巧，积极宣传生态理念和环保知识，影响带动更多家庭养成绿色出行、生态旅游和健康文明的生活方式，在邻里和周边群众中有一定影响
	注：浙江省全省计划评选260户，由各市妇联会同市环保局根据分配名额推荐产生，报省妇联、省环保厅审核同意后发文表彰

3. 云南

2003年，云南省根据全国妇联妇厅字〔2003〕3号、7号通知关于开展为期3年的"美德在农家"活动和"绿色家庭"宣传系列活动的通知要求，由云南省妇联、云南省文明办、原云南省环保局（现云南省环保厅）联合开展"美在家庭"宣传教育系列活动并制定了活动方案，如下表所示：

---

[1] 丽水市妇女联合会.关于开展2016年省级绿色家庭评选活动的通知【EB/OL】. http://www.lishui.gov.cn/sjbmzl/sfl/gsgg/201607/t20160719_1786207.html, 2016-07-19.

表 3-4 云南省绿色家庭活动内容[①]

一、指导思想	以"三个代表"重要思想为指导,深入贯彻党的十六大精神和《公民道德建设实施纲要》,以及中国妇女九大会议精神,通过活动的广泛开展,以发展为主题,弘扬时代精神,提高广大家庭成员的综合素质,崇尚文明进步,促进美德进家庭,普及科学知识,倡导绿色生活,引导科学、文明、健康的生活方式,努力创造环境优美、身心健康、家庭和睦、互相关爱的幸福生活。并在营建绿色家庭中,发挥广大家庭成员在环境与可持续发展中的作用
二、活动主题	倡导家庭美德,营建绿色家园,创造新生活
三、活动的范围和时间安排	以城乡家庭为基本单位,按照属地管理原则,由各级妇联和文明办、环保局成立机构开展工作。从 2003 年 9 月开始到 2005 年 9 月止。活动分三个阶段进行:一是宣传发动和试点阶段;二是工作全面开展阶段;三是评比检查表彰阶段 1. 2003 年 9 月 -12 月,宣传启动,选择示范点。由地州市组织宣传活动,选择示范点启动 2. 2004 年 1 月 -2005 年 2 月,工作全面开展。主要以地、州、市为单位组织举办丰富多彩的活动。同时,各县采取多种形式,在社区、家庭重点开展宣传教育工作,组织家庭及个人参加全国知识竞赛,动员广大家庭植树造林、绿化美化家园、改变社区环境,为创建"绿色家园"奠定基础 3. 2005 年 3 月 - 2005 年 9 月,进行评比表彰总结。展示"美在家庭"成果,进行全面总结及表彰
四、活动的组织领导	由省妇联牵头,联合省文明办、省环保局共同领导部署,各地州市妇联和当地文明办、环保局协同组织实施,县以上单位要成立由主管领导参加的活动领导小组,并吸收有关部门人员参加,省活动领导小组办公室定期收集反映各地活动情况,并采取自查、抽查、交叉检查等方式进行检查评比,评选出"美在家庭"活动先进地州市

[①] 云南省环境保护厅.云妇字〔2003〕31 号关于在全省开展"美在家庭"宣传教育系列活动的通知【EB/OL】.http://www.ynepb.gov.cn/xxgk/read.aspx?newsid=10274,2014-08-02.

（续表）

五、目标	通过传播各类科学知识，引导、组织广大家庭自己动手，治理城乡家庭居住环境的脏乱差、破除旧的生活习惯，创造优美的生活环境，家庭美德建设得到加强。并且通过人人参与，家家受益。在城镇，社区实现绿化、美化、净化，家居优美，家庭节约能源、绿色消费，生活方式科学、文明；在农村，通过改水、改厕、改灶和建沼气，把发展经济与保护环境结合起来，促进村容村貌变化，改善环境卫生
六、活动主要内容	1. 促进家庭美德建设，主要围绕五个环节进行：一是"家家学，呼唤美德进家庭"；二是"家家议，点评社区新鲜事"；三是"家家做，共签治家新协议"；四是"家家乐，展示家庭新生活"；五是"家家评，争当家庭好成员"，充分利用现代传媒手段，采取电视、广播宣传、图片展览、咨询服务、张贴标语、印发宣传材料、组织文艺宣传队等方法，加大宣传力度，重点突出"美在家庭"活动内容的宣传，通过教育增进人们的法律意识、道德意识、诚信意识和环境保护意识，促进尊老爱幼、男女平等、家庭和睦、勤俭持家、邻里团结风气形成 2. 营建绿色家庭，主要围绕"四个一"展开，即：掀起一场绿色环保和法律法规知识的宣传热潮；提倡一次家庭绿色革命，倡导绿色消费和科学、文明、健康的生活方式；建立一支绿色环保志愿者队伍；营建一个绿色家庭环境，促进家庭节水、节电，改厕、改灶，减少资源浪费，改善家居条件，营造温馨舒适、充满绿色的家庭环境。以进一步弘扬家庭美德、创造富裕生活、改善居住环境、倡导现代生活方式、提高文明素质为目标，通过人人参与，家家受益，逐步在农村建立起做美德家庭成员、以美德家庭为荣、为美德家庭奉献的行为理念，形成健康、文明、向上、和谐的良好家风，使争创"绿色家庭"成为广大家庭成员的自觉行动

4. 江西

2016年，为团结动员广大妇女和家庭积极投身江西省生态文明先行示范区建设，为打造美丽中国"江西样板"发挥半边天作用，江西省妇联、省生态文明先行示范区建设领导小组办公室决定在江西全省广泛开展"绿色家庭"创建活动,每年评选省级"绿色家庭"100户。

创建活动以"绿色规划、绿色产业、绿色工程、绿色制度、绿色品牌、绿色文化"等"六个绿色"为目标,组织动员广大妇女和家庭树立绿色、健康的家庭生活新理念,倡导文明、和谐的社会新风尚,争做"绿色家庭"的倡导者、实践者和引领者。

江西省妇联、省生态文明办每年将评选省级"绿色家庭"100户,全省各级妇联、生态文明办每年推出宣传一批"绿色家庭",力争到"十三五"末,全省90%以上的城乡家庭参与到"绿色家庭"创建活动之中,有效提升全省的生态文明建设水平。活动要求,城乡"妇女之家"可通过"晒绿色家照、谈绿色家教、讲绿色家规、展绿色家风、秀绿色家居、创绿色家庭"六个环节活动,吸引更多家庭加入活动中来。引导广大妇女和家庭按照"低能量、低消耗、低开支、低代价"的标准要求,重塑家庭绿色生活消费新模式。

两家单位对创建活动的目标任务、创建内容以及创建要求等做了具体部署,其中对创建内容的细化成亮点,即将城镇家庭、农村家庭作为创建活动的两种分类,分别对创建内容作了细化。其中对城镇家庭的要求共16项,对农村家庭的要求共19项,如表3-5所示:

表 3-5　江西省绿色家庭创建内容[①]

项目	创建内容（城镇家庭）
基本条件	1. 参评家庭属社区常驻户，且家庭成员无违法犯罪现象
	2. 家庭成员遵守社会道德，具有良好的公德意识，自觉维护公共环境
	3. 家庭选择节约、绿色和简约生活方式
	4. 家庭和睦，邻里团结，热心社会公益事业
创建意识	1. 弘扬传统美德，树立节约光荣、浪费可耻的家庭风尚
	2. 家庭成员自觉学习环境保护常识，有较强的环保意识
	3. 家庭成员自觉投身环保宣传，积极参与绿色家庭创建活动
创建行为	1. 家庭成员均为社区环保志愿者，每季度做一件保护周围环境的公益事项
	2. 家庭成员积极参与各类环保活动，并具有较好的影响带动作用
	3. 家庭成员主动关心环境质量，监督环境违法行为，保护生态环境
	4. 家庭生活自觉减少环境噪声污染，不食用野生动物，出行尽可能选用公共交通工具
	5. 家庭卫生整洁，室内空气清新，环境宜人，提倡养花养鱼，家庭内禁烟
	6. 家庭进行垃圾袋装，废物分类回收、多次循环利用
	7. 家庭开展节能行动，自觉节约用水用电及纸张，减少使用浪费资源的一次性消费品
	8. 家庭积极利用环保能源，不使用污染环境的装饰材料、含磷洗涤剂，自觉抵制白色污染
	9. 家庭自觉购买和使用绿色产品，杜绝过度消费，抵制使用对环境造成污染的生活用品

---

① 江西省妇女联合会.关于在全省广泛开展"绿色家庭"创建活动的通知【EB/OL】. http://www.jxwomen.org.cn/fldt/tzgg/201606/t20160617_457187.htm, 2016-06-17.

项目	创建内容（农村家庭）
基本条件	1. 参评家庭属该村常驻户，且家庭成员无违法犯罪现象
	2. 家庭成员遵守社会道德，具有良好的公德意识，自觉维护公共环境
	3. 家庭选择节约、绿色和简约生活生产方式
	4. 家庭和睦，邻里团结，热心社会公益事业
创建意识	1. 弘扬传统美德，树立节约光荣、浪费可耻的家庭风尚
	2. 家庭成员自觉学习环境保护常识，有较强的环保意识
	3. 家庭成员自觉投身环保宣传，积极参与绿色家庭创建活动
创建行为	1. 家庭成员均为乡村环保志愿者，每季度做一件保护周围环境的公益事项
	2. 家庭成员积极参与各类环保活动，并具有较好的影响带动作用
	3. 家庭成员主动关心环境质量，监督环境违法行为，保护生态环境
	4. 家庭不饲养、食用、销售国家保护野生动植物
	5. 家庭卫生整洁，室内空气清新，环境宜人，提倡养花养鱼，家庭内禁烟
	6. 家庭进行垃圾袋装，废物分类回收、多次循环利用，自觉抵制白色污染
	7. 家庭开展节能行动，自觉节约用水用电及纸张，减少使用浪费资源的一次性消费品
	8. 家庭自觉购买和使用绿色产品，杜绝过度消费，抵制使用对环境造成污染的生活用品
	9. 房前屋后或庭院干净整洁，积极种植花草树木，绿化住宅周边环境，开展家庭庭院化
	10. 生产无公害、绿色、有机的农产品
	11. 耕作种植时减少使用或不使用对环境有害的农药、肥料等化学用品
	12. 家畜家禽圈养，及时对污染物进行处理，不影响公共区域与周边环境

5. 四川

何平均是一位中学退休教师，他从事中小学环境教育 30 多年，曾获 1 届全国"地球奖"，3 届全国"福特汽车环保奖"。现为四川省环境科学学会环境宣传教育工作委员会副主任委员。为了让农村家庭了解、懂得并践行绿色生活方式，他特地编写了一首农村家庭绿色生活的"三字经"，广为传唱：

农村家庭绿色生活"三字经"

迎新春　"三字经"　表一表　新农村
山葱翠　水清莹　花儿香　鸟儿鸣
有蓝天　有白云　空气好　吸引人
能望山　能见水　记得住　乡愁情
新环境　新农村　绿色化　好风景
水源清　田园清　家园清　众齐心
绿宅地　香庭院　农家乐　生态园
有垃圾　先分类　可回收　不要混
减量化　资源化　无害化　要执行
生活品　慎选用　一次性　可不能
擦汗水　用手绢　勤清洗　替纸巾
进市场　提布袋　限塑令　严执行
购物品　重质量　要环保　是上品
衣物被　选纯棉　拒皮草　替化纤
买东西　不超量　简包装　不排场

生活中	消费品	瓜果蔬	肉蛋禽
适量买	免储存	要光盘	不要剩
乘公交	低碳行	去旅游	要文明
废旧品	循环用	废弃物	少生成
庄稼地	莫污染	重金属	要防范
种养殖	要循环	无污染	生物链
限农药	少化肥	新科技	种农田
淘米水	漂果蔬	去农药	真的行
生活水	不浪费	多次用	多功能
有秸秆	莫乱焚	净空气	无烟尘
产沼气	生物能	做饭菜	可照明
沼渣液	有机肥	可有用	别乱扔
购电器	选节能	开空调	控低温
节资源	省煤电	少排碳	太阳能
不猎杀	野动物	多样性	要保护
倡节俭	别铺张	多运动	保健康
讲环保	看行动	重参与	靠公众
强意识	除陋习	好习惯	靠养成
新生活	要创新	绿色化	是根本
新农村	要建成	"两山论"	来指引
新生活	新农村	新生态	新文明

注:1."水源清、田园清、家园清"简称农村"三清洁"。

2."减量化、资源化、无害化"统称垃圾处理"三化"。

3."两山论":习近平总书记提出的"绿水青山就是金山银山"简称"两山论"。

三、绿色家庭创建标准的使用

1. 给创建家庭的建议

家庭是社会的细胞,亿万个家庭的绿色行为汇聚在一起,就能形成一股强大的推动力,让整个社会迈向绿色发展的脚步更加坚实,让绿色消费、绿色文化成为社会风尚,让企业的绿色生产和绿色服务供应更有动力。

同时,由于每一个家庭都在地域、文化、成员数、年龄、个性等方面具有差异,每个家庭也都有自己不同的需求和个性,因此绿色家庭也不会是千人一面的。绿色家庭创建的标准给出了绿色家庭在日常生活中可以做出的选择方向和具体指导建议,具体选择哪些内容来实行、实行的程度、深度等,各个家庭可以根据自己的实际情况来选择。

不积跬步无以至千里,不积小流无以成江河。只要方向选对,坚持下去,这些家庭就能成为当今时代一盏盏璀璨的绿色明灯。

2. 给组织单位的建议

绿色家庭是系列绿色创建工作的重要组成部分。例如,绿色家庭可以成为绿色社区、生态省市建设的重要基础和评估条件。为此,作为绿色家庭创建工作的组织单位,应从以下方面加强绿色家庭创建。

一是加强组织领导,落实协调机制。建议成立创建绿色创建工作领导小组,负责开展绿色创建活动,做到有专人负责、有保障经费、有工作机制,并根据实际制定绿色创建规划和工作实施方案,明确目标任务。

二是落实定期检查，保障规范有序。安排工作人员定期在小区内入户巡查，检查日常绿色创建工作，发现问题及时解决，确保环境群众满意。

三是积极做好宣传活动，增强环保意识。可在创建区域内公众活动集中的地方，在醒目位置张贴创建活动的宣传标语、宣传海报等，定期在纸媒和新媒体上刊载绿色家庭创建的内容；广泛宣传"绿色家庭"评选活动，利用各种宣传活动和文艺演出等方式，动员辖区单位和居民参加。

四是不断提升服务，优化居住环境。只有了解群众诉求，帮助居民解决困难与问题，绿色家庭创建工作才能深入人心，得到居民支持。因此组织者要深入创建地区居民一线，积极开展便民服务活动，同时组建"绿色环保"志愿者服务队伍，及时交流分享好经验，开展环保宣传、清理卫生等志愿服务活动。

3. 给评选单位的建议

大力宣传"绿色家庭"创建活动的典型事例，给更多的家庭提供榜样的力量，有效促进社区居民环境意识的提高和环保习惯的养成，更好地融入社会生活的各个领域，形成全社会倡导、社区共建、家庭互动的绿色生活和绿色消费新风尚。可在一些有影响力的环保节日期间，给一些具有突出贡献的家庭授牌表彰，借此契机，向社会公众介绍绿色创建工作情况，并对下一步绿色创建工作提出展望，促进社会共识的形成；就如何创建"绿色家庭"进行介绍，由"绿色家庭"代表就创建经验进行交流。

第二节 绿色家庭莫跑偏,把握原则和要点

一、原则

1. 科学合理

坚持以人为本,注重"绿色家庭"创建目标与影响群众切身利益的生态环境问题的结合。无论是节约资源、植树种草,或是绿色消费,都要倡导科学性,引导大家关心、支持和参与改善生态环境,增进民生福祉。

2. 简便易行

坚持全民参与,注重绿色家庭创建方法的典型示范和辐射引领作用。要采用日常便于实施的内容方法,从身边做起,从小事做起,讲求实效,以点带面,推动生态文明建设。

3. 因地制宜

坚持突出特色,注重"绿色家庭"创建内容符合各地实际需要。充分尊重当地群众的意愿和首创精神,可以与各类群众性环境宣传教育活动以及精神文明创建活动紧密结合,分阶段、有重点地推进。

4. 与时俱进

坚持探索创新，注重"绿色家庭"创建过程顺应人民群众新期待和生态文明建设新要求。不断完善绿色家庭创建体制、机制、载体、方法、手段，使"绿色家庭"创建活动永葆活力、深入发展。

二、要点

1. 提高认识，转化行动

加强家庭成员的环境保护意识。自觉学习、积极宣传节能环保知识，支持、参与环境保护，倡导绿色文明的生活习惯、消费观念和环境价值观念。形成热爱自然、珍惜资源、保护环境的家庭文化。

2. 大处着眼，小处着手

要以绿色生活和绿色消费为目标，进行系统、整体设计，结合家庭实际特点，设定逐步细化，落实到具体的行为。有了大的目标做指引，通过从身边点滴小事做起，开展行动、参与和体验，让绿色家庭创建富有成效。

3. 节约优先，生态为本

完善家庭中的节能降耗措施。使用清洁能源，采取节水、节电、节油、节气、节纸、节材等相应措施。家庭装修、娱乐等减少噪声，不影响他人的正常生活。少购买使用一次性用品，外出购物买菜使用环保购物袋或菜篮子。废旧物品回收与利用，减少垃圾排放量。日常消费选择绿色食品、有机食品，环保认证标志服装、装饰材料、汽车、书籍、电器、建筑节能材料等，不购买、食用受国家保护的野生动物及其制品。

4. 贵在行动，成在坚持

保护环境，人人有责，贵在行动、成在坚持。要认识到每个家庭、每个人的生活消费方式选择变化，将大大推动生产方式的变化，终将带来整个社会的绿色转型。每个个体的不懈努力，汇聚起来，就是改变世界的巨大力量。

第三节　绿色家庭好不好，测量工具来帮你

如何判断绿色家庭创建的成效？除了由此产生的不可量化的荣誉感和自豪感之外，某些方面可以直接量化，特别是二氧化碳减排。

为什么人们要算碳的排放量？因为碳排放是指在能源消费过程中所产生的二氧化碳，而二氧化碳排放直接影响着全球的气候变化。目前，越来越多的公众逐渐开始关注碳排放与全球气候变暖的关系。

不同的生活方式直接决定着一个家庭的二氧化碳碳排放量，家庭能源消耗，交通和废物处置的过程都会向空气排放二氧化碳，因此二氧化碳排放量直接代表着家庭生活方式对环境的影响。2013年一项研究表明，家庭人均碳足迹中位数为1.05吨，购买衣服、肉、粮食、用电、用气，乘飞机、私家车消费是家庭碳足迹的主要来源。生活习惯上一点点小小的变化就能影响到家庭的二氧化碳排放。可以通过计算您家庭的二氧化碳排放量减少情况，测量绿色家庭创建的直接成效。

减少二氧化碳排放的第一步在于了解自己的二氧化碳排放量。碳足迹是一个人在一年内，因衣食住行等活动所消耗的能源，最终转化为大气中二氧化碳的量，用于衡量人类活动对于气候变化的影响。碳足迹计算器根据家庭的住房结构、个人能源消耗量，环保行为以及交通方式，对于家庭控制二氧化碳排放量提供简而易行的指导。计算家庭的碳排放并不难，许多网站提供了专门的计算器，只要输入相关情

况，就可以计算某种活动的碳排放，也可以计算家庭全年的碳排放总量。碳足迹数值越大，说明你对全球变暖所要负的责任越大。碳足迹计算器不仅算出日常生活中的二氧化碳排放量，同时还能显示出不同的生活方式，住房结构，以及新技术对二氧化碳排放产生的影响。

一、碳足迹计算器的内容及原理

下面分别就家居能源消耗和出行能源消耗两方面来介绍碳足迹计算器的原理。因各地排放系数有一定微小差异，本文所提供的系数算出的只是大致碳排放数量。碳足迹计算的目的主要是提醒家庭改变生活方式，引导环保行动，提高环境意识，因此有些误差并不影响。

1. 家居能源消耗

以下是家庭使用各类燃料或使用市政集中供暖消耗燃料，相应单位燃料产生的二氧化碳排放量，即家用能源使用的 CO_2 排放系数。

家居用电：90.43807 $kgCO_2$/100 度

家居用天然气：216.5015 $kgCO_2$/100 立方米

家居用煤气：70.67299 $kgCO_2$/100 立方米

家居用煤油：315.1712 $kgCO_2$/100 千克

家居用煤炭：197.3983 $kgCO_2$/100 千克

家居用液化石油气：295.3847 $kgCO_2$/100 立方米

家庭使用市政燃煤集中供暖：4764.811 $kgCO_2$/100 平方米

家庭使用市政天然气集中供暖：3259.689 $kgCO_2$/100 平方米

2. 出行能源消耗

以下是计算器针对不同交通方式的相应单位里程或消耗单位燃料的二氧化碳排放量，即交通能耗的 CO_2 排放系数。

乘坐飞机经济舱：91.212 $kgCO_2$/1000 公里

乘坐飞机公务舱：136.819 $kgCO_2$/1000 公里

乘坐飞机头等舱：182.425 $kgCO_2$/1000 公里

乘坐火车：8.646755 $kgCO_2$/1000 公里

乘坐轮船：10.19011 $kgCO_2$/1000 公里

乘坐公交车：12.89989 $kgCO_2$/1000 公里

乘坐无轨电车：9.93825 $kgCO_2$/1000 公里

乘坐地铁：2.290731 $kgCO_2$/1000 公里

驾驶汽车 / 摩托车消耗汽油：225.148 $kgCO_2$/100 公升

驾驶汽车 / 摩托车消耗柴油：270.0633 $kgCO_2$/100 公升

二、碳足迹计算器的使用方法

当前，已经有不少网站提供了专门的计算器供大家计算个人的碳足迹，也有可以在手机上使用的计算碳足迹 APP 和小程序。不必再对照系数——手动计算，这些碳足迹计算器让计算家庭的二氧化碳排放变得更加便利。

1. 几款常见的碳足迹计算器

中国碳排放交易网（http://www.tanpaifang.com/tanjisuanqi/）

碳足迹研究小组（http://www.dotree.com/CarbonFootprint/）

碳阻迹（http://www.carbonstop.net/carbon_calculator）

微信内搜索"碳足迹计算器"小程序

2. 碳足迹计算器使用方法

以碳足迹研究小组（http://www.dotree.com/CarbonFootprint/）提供的碳足迹计算器为例，在浏览器中输入网址，即可使用。

依次点击住宅、交通、生活、绿色习惯四个卡片，根据自己家庭的实际情况填写对应的内容，最后点击卡片下方的"计算结果"按钮，即可得出这一年的家庭人均二氧化碳排放值。例如，三口之家居住在 70 平方米的房子，冬季使用暖气取暖，每月用电 150 度，用气 50 立方米，用水 30 吨，不考虑交通、生活和绿色习惯的影响，则该家庭每名成员一年的二氧化碳排放量为 3.122 吨，除去世界人均森林，一年排放的二氧化碳需要 9.3 棵树用 10 年时间来抵偿。

综上，从国家层面到地方层面，绿色家庭的创建活动吸引了众多家庭的参与，对于提高公众环境意识、推动环保事业发展、提升生态文明建设水平有重要意义。创建活动的评选标准为家庭践行绿色生活方式提供了方向性的指导。除了参照评选标准来检测绿色家庭创建的成效，也可以利用测量工具对某些方面直接量化，如使用碳足迹计算器计算家庭的二氧化碳排放量，有针对性地进行减排。

第四章

做一做：绿色家庭重在行动

第一节 绿色在身上

一、遍身罗绮者,不是养蚕人

北宋文学家张俞有诗云:"遍身罗绮者,不是养蚕人。"我们将服装穿着在身,却很少去想它是如何被制造出来的,而这一切都与环境有着密切的联系。

一件衣服的一生就是一场消耗战:棉花、亚麻在种植的过程中,会消耗化肥、农药等资源;这些原材料被送入工厂,制作成布料,经过染色或者印花的工序时,也会消耗大量化学制剂;衣服被制作出来后投入市场,会使用各种交通工具进行运输,这个过程会产生二氧化碳;而当我们不再喜爱一件衣服,将它丢弃时,废弃处理过程也会对环境造成影响。

一件纯棉的 T 恤衫,从它还是种在地里的棉花到被废弃,这"一生"会排放 7 千克二氧化碳,是其本身重量的 28 倍。同样的过程,一条涤纶裤则会排放约为自身重量 117 倍的二氧化碳,足有 47 千克。这是来自英国剑桥大学制造研究所的研究结果。从两个例子我们可以看到,纯棉衣服的碳排放量要比化纤衣服小很多,所以更加环保。这是因为棉麻材质的衣服是天然织物,而化纤材质的衣服则是由石油等原料合成的,在生产过程中消耗的化学制剂和能量也更多,污染更大。当然,也有研究发现,棉花在种植过程中如果灌溉、施肥、除虫等过程管理不当，也会造成严重的生态环境危害。

因此，我们选择什么材质的衣服，选择怎样更换衣服的频率，足以在潜移默化中影响着环境。2009年的世界清洁地球日，"衣年轮"中国城市调研发表会在京隆重举办，并发布了《"衣年轮"中国城市调研报告》。那么，什么是"衣年轮"呢？

"衣年轮"这是基于对树木生长年轮的理解，提出用服装的碳排放指数，衡定每件衣服的使用年限、生命周期内的碳排放总量及年均碳排放量。将每个人的所有服装的衣年轮汇集在一起，就构成了每个人的衣年轮图谱。每个人的衣年轮图谱体现着两个问题：一是总碳排放量，所有服装的碳排放量之和，构成每个人所消耗服装过程中产生的总碳排放量，此数值越低，表示我们因服装而产生的碳排放量越小；二是每个人的服装消耗习惯，比如说太多的衣年轮表示这个人的服装消耗量大，太多的"低年龄"表示这个人的使用率太低，太多的高龄服装，表示这个人有太多的沉睡服装，每件衣服的利用率太低等等。通过这种方式，每个人的服装消耗习惯一目了然，我们在服装使用方面的环保贡献也能够体现出来。

那么，如何在日常生活中"低碳穿衣"呢？通过一件衣服的一生和碳排放量的联系，我们大致可以发现在服装的购买选择、服装的洗涤、旧衣改造和处理这些步骤中能做哪些环保事情。下面，我们就来分别看看如何在这些细节中做到低碳环保吧。

二、哭泣的海豹宝宝：你真的需要那么多衣服吗

每年的3月份，是加拿大一年一度的商业性海豹捕猎季。2015年，

加拿大政府公布的猎杀配额是46.8万只。这样大规模的捕杀，引起国际社会的轰动。而国际人道协会的摄影师和海豹观察者阿尔德沃斯曝光的小海豹被棍棒活活打死的画面，也十分触目惊心。这场屠杀发生在加拿大纽芬兰省附近的海域，猎人们一般用刺棒猎杀海豹。不使用枪支，是害怕枪声吓走，而有弹孔的海豹皮也会丧失原有的价值，这就意味着海豹会承受更大的痛苦。调查结果显示，被猎杀时，有17%的海豹头部没有被打破，有42%的海豹是活着被剥皮。

加拿大的海豹捕猎季，是地球上规模最大的捕杀海洋哺乳动物的行动。大部分小海豹被捕杀时只有三个月大，它们的皮被制成大衣、领子、袖口和小饰品。而这只是因为毛皮被人类盯上的动物的其中一种。目前，地球上动物的灭绝速度比历史上任何时期都要快，物种的灭绝会使生态环境失去平衡，加速环境的恶化。

皮草制品因其价值昂贵，被人们视为身份和财富的象征，但看着哭泣惨死的海豹宝宝，你还会再买一件皮草制品吗？

除了减少皮草衣服的购买，我们还可以通过穿衣习惯达到低碳环保的目的。减少服装的购买频率，也是低碳环保的方式。每件衣服的年平均碳排放量在6.4千克左右，如果我们每个月买一件新衣服，一年的碳排放量就是76.8千克。中国是人口大国，如果每人每年少买一件衣服，就可以减少9.4万吨的碳排放量。

但爱美之心人皆有之，看见心仪的衣服总有忍不住的时候，这该怎么办呢？其实很多时候，冲动消费的服装都很难与衣柜里的服装搭配，是永远将它封存在衣柜中，还是再买一件新衣服与其搭配，都会增加消耗，不是环保的好选择。这时候，我们就需要选择"百搭款""基础款"的服饰。一件白色T恤，一条合身的牛仔裤，一双舒适的乐福鞋，可以随心所欲的与各种单品搭配，在我们的衣柜里常备这样的百搭服饰，既可以用较少的衣服营造出更多的穿搭风格，不给人重复的感觉，提高了衣服的利用率，也同时做到了低碳环保。

同时，选择环保面料和浅色少印染的衣服也是一种"低碳穿衣"。除此之外，回收循环材料制成的服饰也是不错的选择。3000件通过生态轮回系统回收利用的服饰可降低的碳排放量相当于228棵杉木一年吸收的二氧化碳总量。衣服在印花、染色的过程中，也会使用大量的化学制剂，消耗更多的能量，产生更多的废水废气，少选择印花款式的衣服，选择浅色的衣服，也是低碳环保的选择。

说到生态轮回面料，即ECO Circle，是日本在2002年研制出的一种面料。这种面料是将聚酯类制品经过粉碎、化学反应、聚合等步骤制成的再生面料。它的前生，又可能是旧衣服、废报纸，甚至可乐瓶。用这种面料制成的衣服脏了旧了时，穿着者可以把它送回指定回收地点，再次粉碎，制成衣物，如此无限循环往复，一件衣服在轮回中实现永生。

日本的纤维制造商帝人株式会社与李宁合作，用这种面料推出了网球训练系列环保服装，可以减少能源消耗和CO_2排放量大约各80%，引起了人们对"衣年轮"和"低碳服装"的关注。生态轮回面料可谓兴起了全球的穿"旧"风潮，与此同时，首个纺织服装全球回收标准（GRS）也于2009年10月底出台。国际环保管制联盟认证机构（Control Union Certifications，简称CU）将产品的回收标准分为铜、银及金标准三级。金标准要求产品包含95%-100%的回收材料，银标准产品包含70%-95%的回收材料，而铜标准则包含不低于30%的回收材料。经过这一标准认证的衣服将挂上金、银、铜标志，让消费者一目了然。支持环保材料的服饰品牌,变得越来越有意义。

当然,大部分民众不愿因为环保而牺牲舒适,这也是回收再生化纤类制品目前大部分仅应用于运动外套的原因,舒适性也将成为厂商面临的挑战之一。

三、和含磷洗衣粉说再见

衣服买回家,必然会定期清洗。爱干净的妈妈们肯定要常洗衣服,但其实过度频繁的洗衣也是不环保的行为。频繁洗衣会加速衣服的变旧速度,消耗更多的水电,使洗衣粉的用量增大。洗衣粉是化学制剂,不仅会污染水质,还会增加碳排放量,1千克洗衣粉的碳排放量是0.72克。而含磷洗衣粉的危害更大。

含磷的污水排入江河后,会污染水质,使水体富营养化,水生生物特别是藻类将大量繁殖,使生物量的种群种类数量发生改变,破坏了水体的生态平衡。在这种情况下,鱼虾的生存空间会受到威胁,甚至因缺氧而大批死亡。水污染也会导致人的饮用水安全问题。和含磷洗衣粉说再见,也是在保护我们自己的生存空间。

那么应该选择怎样的洗衣粉更加环保呢?可以选择天然洗衣粉,如天然皂粉,不但可以避免化学物质残留对衣服造成的危害,也更节水,容易清洗。市面上也出现了越来越多的环保洗衣液,环保洗衣液是用椰子、棕榈等生产的有机产品,多数的婴儿洗衣液,奶瓶清洗剂都是这类产品。与洗衣粉相比,环保洗衣液的优越性体现在以下几个方面:不需要事先溶解,能与水迅速混溶,无粉尘和结块现象,去污均匀;低温冷水洗涤,可以节约能源,摒弃对人体造成伤害的三聚磷酸钠成分，使洗出的衣物有光泽、防静电，不会对皮肤造成伤害。

生物清洗法也越来越广为人知了。当我们的衣服沾染了油渍，可以用柠檬水和小苏打进行清洁。柠檬水对于被深色衣服染色的衣物也有奇效，将它们共同浸泡就可以消除染色带来的尴尬。在洗衣液中放半杯小苏打，会使衣物颜色更加鲜艳，也能解决白色衣服穿久了泛黄的问题。用这种方式也减少了污水排放，更加环保。

洗衣机为我们的生活带来了更多的便捷，但也带来了更多的水电消耗。因此，将衣服积攒起来集中洗涤变得很重要。假设积累 10 件衣服一起洗，一次用 100 升水，耗电 0.25 度，碳排放量 0.29 千克；但如果只洗 2 件衣服，单次的耗水耗电量不变，洗 10 件衣服就会排放 1.45 千克的二氧化碳。积攒衣服一起洗，这并不是一种偷懒的行为，而是节能减排的手段。如果我们能尽量手洗衣服就更好了，不仅会极大地减低碳排放量，对于衣服的保养也有一定的意义。我们被洗衣机洗坏的衣服总有那么几件，手洗衣服让衣服更加柔软不易变形，使用寿命也就更长了。

街边出现了越来越多的干洗店，选择干洗衣服的人也越来越多了。但干洗的危害你知道吗？在空气污染方面，由于干洗衣服前处理会使用有机溶剂四氯乙烯，该物质散逸至空气中，也会造成一定的污染。据专家推算，每台干洗机平均每天排放到空气中的致癌性四氯乙烯约 0.56 公斤，全年排放量超过 200 吨。高危的四氯乙烯有毒残渣往往混合生活垃圾一起被丢弃，污染土地和水资源。因此，减少干洗次数，对减少环境污染和能源消耗是十分有意义的。

没有什么比阳光更适合烘干我们的衣物。虽然从欧美开始流行的烘干机已经悄然地进入了我们的生活，但它们产生的能耗也是巨大的。

一般的烘干机每烘干一公斤的衣服就会消耗 0.1 度电,而这是大部分家庭完全可以避免的消耗。自然烘干,不仅可以使衣物沾染上阳光的气息,变得柔软舒适好穿,太阳中的紫外线也有杀菌效果,何乐而不为呢?同时,西装、衬衫等正装的收纳方式也很重要,因为熨烫的过程中也会产生能耗。用服装袋收纳,悬挂摆放,可以避免衣服变形或产生褶皱,减少电熨斗和蒸汽熨衣机的使用次数。将旧报纸当作除湿剂放在衣柜中,也可以为衣服除湿,既节约了能源,又废物利用。

四、一条牛仔裤的华丽转身

事实上,回收旧衣在世界各国都是一个难题。在中国,根据《"衣年轮"低碳着装调研报告》显示,35% 的被访者选择丢弃旧衣服。国内产生的大量服装垃圾处理方式主要是焚烧,这不仅消耗了煤炭、电力等能源,焚烧的过程也会产生大量污染物:二氧化碳和燃烧后的灰烬等。尤其是化纤、混纺的衣服,含有多种颜料和各种颜色,回收困难。在英国,即使旧衣回收的环保意义和技术让人津津乐道,但推广回收旧衣依旧是困难重重。回收成本高昂也是一个问题。英国的一项调查显示,一个英国人每年在衣服上的支出约为 600 英镑,丢弃衣服价值却高达 400 英镑。每年有 63% 的废旧衣服被丢弃,进入垃圾填埋和焚烧场,能被回收上来的只占 16%。

曾经,人们对旧衣非常排斥,跳蚤市场、Vintage 的流行让我们重新正视二手衣服的价值。当我们不喜欢一件衣服,能做的选择不仅仅是让它进入垃圾箱,还有更多的方式让其获得新生。如今,二手衣服的交易方式越来越多样化,除了线下的集市展会、二手衣服专门店,还有线上的二手衣服交易网站的产生。但选择二手服装时要确认回收旧衣的渠道是否正规，避免来历不明的二手衣服。

将旧衣捐献也是循环利用的好方法。现在在社区、医院、学校内出现了很多旧衣回收箱，人们可以将旧衣整理好投入其中。但有的人担心衣服会被投入黑市交易，无法送到真正需要的人的手中，也的确有很多不法组织打着回收旧衣的谋取不正当的利益。所以，我们在捐献旧衣时，就要确认回收箱上是否有公益性的标识。当然，这类公益活动信息透明，更有助于人们积极参与。

图 4-1　家庭闲置废旧物品收集箱

如今，随着网络技术的应用越来越广泛，回收旧衣的网络平台也搭建起来了。飞蚂蚁就是这样一家回收旧纺织品的公益平台。他们在全国设立回收旧衣的网点，免费上门收衣服的城市已经扩展到90多个。回收范围除了衣服、包包、鞋子，还有床单、枕套、被罩、窗帘等纺织品和毛绒玩具，只要登录平台预约，就可以在家中等待上门回收。同时，平台还开放申领旧衣的渠道，让更多有衣物需要的组织能与他们联系，将旧衣送到最需要的人的身边。针对大学毕业季产生的大量衣物丢弃问题，平台也积极招募与学校合作，开展旧衣零抛弃的活动。

平台不仅解决了捐衣渠道，还公开旧衣的去向，这也是旧衣回收箱应该做到的。旧衣物主要有环保再生、山区捐赠、再造和可持续流转四种处理方式。环保再生是将衣服打碎后做成再生布料或工业用布，让布料进一步循环利用；山区捐赠是将衣服分拣消毒后进行有针对性的捐赠；再造是将衣服做成手工艺品等再利用；而可持续流转则是将无法捐赠的衣物进行义卖出口来补偿物流成本，让环保项目持续运营。有了放心的捐衣渠道，旧衣回收便更加轻松了。

除了将旧衣服交换或转卖，还有更多让其获得新生的方式。许多杂志和网站都提供了旧衣改造的教程，只要稍加改造，就能变废为宝。一条牛仔裤经过剪裁和缝制，利用裤子上的口袋和纽扣，可以变成一件新潮的包包；将牛仔裤的口袋剪裁下来进行拼接，会出现心形、方形、不规则形状，做成抱枕会非常别出心裁；裤子兜等边角料还能做成收纳袋，方便实用。除了牛仔裤，不穿的毛呢衣服，弹性不大的毛衣也可以改造。把袖子和衣领剪掉，下端缝合起来，其他露口锁边，用袖子剪成条状，卷成大小不一的花朵，缝合在自己喜欢的位置，一个美观实用的包包就好了。不穿的T恤等也可以用这个方法制作，就成了一个个购物袋。也是一款很简单实用的改造。把不穿的衣物拼接在一起，可以做成即艺术又充满趣味的被套，很有意思。不光布料可以利用，废旧毛衣一样也可以利用。即使将旧衣变成抹布、墩布、靠垫填充物，也是一种再利用。

旧衣变新衣也是体现许多小智慧的地方。一件普通的衬衫，只把领子剪下来，贴上喜欢的绣花或水钻，就变成一件流行的假领子，可以配着毛衣或T恤来穿。纯色的T恤加上印花、珠串、水钻，就可以变成一件新衣。毛衣加上几朵同色系的胸花，立刻变活泼起来。长裙经过适当的剪裁，可以变成短裙或特殊造型的裙子。长袖衬衫的袖子可以剪下来变成短袖衬衫，剪下来的布料还能做成蝴蝶结放在胸前。长袖连衣裙可以变成抹胸连衣裙，把剪下来的料子做成口袋，既增加了装饰性，又减少了废弃。爸爸的衬衫经过改造，可以变成小女儿的连衣裙，爸爸的T恤可以变成两件套的小洋装。只有想不到，没有旧衣服变不了的款式。

我们还可以将旧衣服送给朋友，或是捐赠给贫困山区和灾区，让需要的人穿。不过，在我们捐赠衣物时，也要考虑周全，不能盲目捐赠。西藏攀德达杰慈善学校创办者张莉曾经发布过一篇关于网上转载捐衣的声明，其中提到捐赠衣服给他们带来的麻烦：寄来的衣服什么都有，有高跟鞋、细吊带、三点式泳衣、没洗的内衣裤、发臭长虫的衣裤……一部分是不能穿着的，另一部分则是未清洗过的。他们需要花大量的时间收拾、分类、清洗，才能运送到周边的贫困县城，这其中又会产生相当的运输麻烦。我们捐献衣服的出发点是好的，为了让我们的善心能得到最大限度地发扬，衣物的选择和清洗就很重要。大部分捐献目标以学生为主，能让他们度过四季，尤其是寒冷的冬季即可，因此，捐赠的衣物应以保暖舒适为主。而款式独特，或是没有实用价值的衣物，就尽量不要选择捐赠了。

第二节　绿色在餐桌

一、一方水土养一方人

民以食为天，我们日常三餐，依然有高碳低碳之分，依然与环境息息相关。如今，地理问题越来越无法影响我们对于食物地选择了，新西兰的小牛排，北海道的鲜鱼，南美的车厘子，法兰西的红酒，只要想吃，没有我们吃不到的美食。但同时，美食所带来的能源消耗和环境污染也越来越严重了。老祖宗"一方水土养一方人"的智慧，似乎应该重新被提起。

食物从它产生的那一刻起，就需要人们通过各种劳动方式，消耗各种资源来生产。衡量食物是否低碳，是靠食物生产过程中所消耗的能源和主要排放二氧化碳等温室气体的多少来区分的。在食品的生产、运输、销售过程中，耗能低、排放二氧化碳和其他温室气体少的即可被称之为低碳食物。如果考虑供应链和农产品的影响，食品业是温室气体排放最密集的产业之一。根据国际农业研究磋商组织2012年《气候变化与食物系统》研究报告，食物生产过程所排放的温室气体占人类活动温室气体排放总量的29%，是联合国对农耕温室气体排放估计量的两倍。

调查和研究结果表明，高蛋白、高脂肪的食物比谷物类食物在生产过程中消耗的能源更多，碳排放量也更多。根据联合国粮农组织的计算，生产1千克的牛肉，需要10千克的谷物；生产1千克的猪肉，需要4～5.5千克的谷物；生产1千克的鸡鸭肉，需要2.1～3千克的谷物。生产1千克的牛肉相当于排放36.4千克的二氧化碳，生产过程中使用的化学肥料相当于释放340克的二氧化硫和59克的磷酸盐，耗费1.69亿焦耳的能量，相当于470度电，足以点亮1个100瓦的灯泡20天。牛肉在生产中产生的温室气体所造成的暖化效应是鸡肉的13倍，是生产土豆的57倍。美国是牛肉消费大国，要生产一个人一年所吃的牛肉，排放的温室气体量与一部车行驶2900公里所排的温室气体量一样多。肉制品耗能大，不仅由于其生产耗时长，而且动物还是谷类的低效能转化者，而动物食用的农作物可以供人类食用。

2013年，联合国粮农组织发布题为《食物浪费足迹：对自然资源的影响》的报告称，全球每年食物浪费总量达13亿吨，不仅造成重大经济损失，也严重危害人类赖以生存的自然资源。另据报告统计，每年因食品浪费而产生的温室气体排放量高达33亿吨，相当于美国道路交通2010年排放总量的两倍多。如果将食品浪费看作一个国家，其温室气体排放量将排名世界第三。此外，食品浪费问题给农业生产带来的额外压力，迫使耕地面积和捕捞规模不断扩大，对自然界生物多样性也构成了巨大威胁。报告认为，因为在加工、运输、储存和烹制过程中所产生的环境成本必须计入初始生产成本，所以食品浪费在生产流通过程中出现时间越晚，其对环境所造成的影响越严重。而中、高等收入地区对占总量46%的"下游"食品浪费（即发生在加工、流通和消费环节的浪费）负主要责任，这些地区在上述阶段产生的浪费约占其总量的31%至39%，而低收入国家或地区仅为4%至16%。

食品是在全球化的世界中运输最多的商品,我们已经很习惯超市里一年四季都有各种新鲜食材出售。但食物在运输过程中,也会产生大量的能耗和碳排放。一种食物在路上的时间越久,耗费的资源就越多,也会产生更多的二氧化碳。因为这不仅涉及运输时产生的碳排放,还有为了食物保鲜进行的加工处理中产生的能耗和温室气体的排放。在北京,销售6吨山东樱桃,需要使用汽车从山东运到北京,路程约有500公里,使用货车约耗油160升,排放二氧化碳432千克;若销售北京本地樱桃,只需运送100公里左右,在运输环节就会减少4/5的碳排放量。这就是所谓的一方水土养一方人,食用当地的食物,更低碳环保的道理。

而瑞士第二大连锁超市则推行了一项富有创意的举措:他们在空运食品上贴一个飞机标签,以提醒消费者注意商品的二氧化碳排放,让他们有机会减少此种商品的消费,从而达到改善气候的目的。但长途运输并不是衡量食品唯一的二氧化碳排放来源,有时我们要多角度的考虑问题,这就要看食物的生产供应链。一项研究表明,西班牙生产并运往英国的西红柿,从能量效率上看,其碳排放比英国本地产的西红柿还要低。因为英国的气候决定了他们种植西红柿需要大量的能源为温室供暖。

我们在食用完食物后,产生的厨余垃圾依然会对环境产生很大的影响。据《中国城市生活垃圾管理状况评估报告》统计数据显示:中国的生活垃圾中,厨余垃圾占比高达36%~74%,其中湿垃圾占绝大多数,其不易焚烧,极易腐烂发臭,混合填埋又会造成二次污染,甚至伤害土壤和水资源等,自然露天腐烂则容易排放甲烷,污染空气。

因此,我们日常对食物的选择、消费和处理,对环境有着极为重要的影响，那么该如何做到低碳饮食呢？

二、不要让外卖占领你的三餐

我们知道，生产 1 千克牛肉的碳排量是 36.4 千克，而生产 1 千克果蔬的碳排量仅为牛肉的 1/9。有很多素食主义者因此用奶制品代替动物蛋白，但这对减少排放并无帮助，因为奶牛产生的甲烷是食用牛的两倍。统计结果表明，一年的"疯狂肉食者"饮食产生的碳排放量是 6700 千克，普通美式饮食产生的碳排放量是 2190 千克，乳蛋蔬菜饮食产生的碳排放量是 1220 千克，而纯素食产生的碳排放量则仅有 190 千克。

少吃肉，是低碳饮食最直接的方法。这并不是让我们不要吃肉，而是不要成为"疯狂肉食者"，事实上，当今我们大多数人都处在食肉过量的状态，而这是很不健康的。过量食用肉类，特别是红肉和加工过的肉制品，例如含有亚硝酸盐的火腿肠、午餐肉，会导致心血管病、糖尿病、肾病和癌症等疾病。而果蔬类、谷物类的食物含有有利于人身体健康的膳食纤维和维生素，会让我们更加健康。

食材的选用很重要，烹饪方法更重要。我们传统的炒菜会产生大量的油烟，抽油烟机的使用也增加了能耗。很多人炒菜时喜欢大火多油，这样不仅费油，使蔬菜的营养流失，油烟也会使室内的空气混浊。焖制、蒸制食物会比大锅炒节能环保得多。

现在移动技术越来越先进，我们手机里的外卖 APP 也越来越多。一天辛苦的工作、学习结束后，大家为了图方便快捷，越来越容易选择叫外卖的方式解决自己的三餐问题，殊不知，这不仅是最不环保的饮食习惯，也不利于我们自己的健康。外卖小哥每天骑着小摩托在城市中穿梭，会为城市交通增加负担，也加大了碳排放量和能耗。

外卖使用的一次性餐具，更是危害极大。有的商家会使用一次性发泡塑料餐具，这种餐具是以发泡聚苯乙烯、聚乙烯或聚丙烯为原料制作而成的。一次性发泡餐具再生产过程中会消耗大量的资源，污染大气和水资源。在使用完后，这种材料也很难降解，大多被深埋地下，污染土壤。一次性泡发餐具在使用过程中由于食物本身的热度影响，会释放出对人体有害的物质，危害自身健康。那么一次性环保餐具就应该使用吗？环保餐具是指所用材料对人体无害，无毒无味，易降解，生产制造、使用和销毁过程均无污染，产品质量完全符合国家食品卫生要求，产品使用完后具有易回收、易处理、易消除等特点的食物容器。但就目前现状来说，所谓的环保餐具在生产和制造的过程中并不能实现无污染，只是废弃时容易降解。而且真正的环保餐具，生产成本高、利润低，大部分的餐厅都不愿意使用。我们在外卖中常见的一次性餐盒，有些还是劣质餐具。这种餐具使用的塑料，可能是车间边角料、塑料瓶、医疗塑料垃圾、农药瓶等可以被低价回收的塑料制品，这些餐具不仅不环保，还会释放对人体有害的物质。

另一项外卖会使用到的一次性制品材料是树木，如一次性纸杯和一次性筷子。有关资料显示，一棵30年的大树可制成5000多双筷子，而我国一次性筷子的消耗量一年有数百亿双。虽然一次性筷子是日本发明的，但他们96%的筷子都是从中国进口的，废弃的筷子在做成木浆廉价卖给中国。据日本海关统计，十年来，中国出口日本的筷子总计2243亿双，每年需要砍伐200万棵树。也就是说，我们每年需要消耗一片森林来制造一次性筷子出口日本。而我们每天生产的一次性筷子就要消耗森林100多亩。砍伐树木破坏环境的同时，也增加了碳排放量。在一次性筷子的制作过程中，会使用过氧化氢漂白，这会对口腔、食道造成腐蚀。同时，加工时会使用硫黄熏蒸，释放二氧化硫，侵蚀呼吸道黏膜。过了保质期的筷子也可能带有黄色葡萄球菌、大肠杆菌。不仅是叫外卖，我们在外出就餐时，也最好自己携带筷子等餐具，这样既环保又卫生，也是一种低碳饮食的好方法了。

除了外卖，方便快捷的网购和越来越发达的运输也使得网购食品流行起来，但正如我们先前提到的那样，食品运输产生的碳排放和能耗是很可观的。而包装过度的食物也会产生更多垃圾。1千克的包装物会产生3.5千克的二氧化碳，数量多了产生的碳排放就会相当可观。茶包、袋装咖啡、瓶装水虽然方便，也会产生大量包装垃圾。带上自己的铁罐去买茶，选择罐装咖啡，用白开水代替瓶装水，都可以大量减少食品包装产生的碳排放。

中国有句古话说得好，靠山吃山、靠水吃水。这是我们古人的低碳饮食法，就是因地制宜，基于吃在当地、食在当季的传统理念，这样就能减少不必要的长途运输及保险带来的碳排放和二次污染。中国传统智慧还将中医的发酵技术嫁接到食物保存中，创造除了豆瓣酱、豆腐乳、黑豆豉、酱油、甜酒、老面馒头、腊肉、泡菜、桂花鱼等常见的发酵食品，丰富了我们的餐桌，也最大限度地保存了食物的营养。现在，我们依旧可以依循老祖宗的做法，不仅简单易行，更安全可靠。这些方法，会成为现代低碳消费模式可借鉴与创新的基础，值得学习和推广。

三、餐厨垃圾的解决妙招竟然是它？

餐厨垃圾如何处理，最简单的方法是将它们分类收集，投入餐厨垃圾箱。现在，国内的大部分城市都设有专门的厨余垃圾箱，只要花一点小心思，就可以在环保上走一大步。不过，还有什么更好的方法来利用这些垃圾呢？

首先，生鲜果皮可以自制环保酵素。环保酵素，就是将发酵的方法运用到环保领域的简单做法。环保酵素就是酶，它能够加快生化反应的速度，但是不改变反应的方向和产物。因此，环保酵素可以用于抑制有害微生物，减缓地球暖化，净化空气。据研究环保酵素达 30 余年的泰国乐素坤博士的研究数据显示：自制一大桶环保酵素的减碳效应相当于种植 10 棵大树。而更多实验证明：1 公斤酵素可以净化 1000 公斤水资源。自制环保酵素，不仅可以减少厨余丢弃产生的污染和能耗，其本身对生态环境的保护作用也是巨大的。那么，该如何制作环保酵素呢？不需加入任何化学合成物质，只是将红糖∶生鲜厨余∶水为 1∶3∶10 混合在一起，常温发酵三个月以上即可形成发酵混合物。环保酵素可运用于洗衣机和马桶的清洁，皮质用具去污，鞋子、低碳和并向的除臭杀菌等等，可谓用途广泛。

厨房抽油烟机的废油也可以制成家事皂。选择便宜的强碱，如氢氧化钠之类，只要很少的强碱就可以处理多倍的废油，制作成废油皂，是安全的天然洗涤用品。使用它不仅减少了我们自身的使用风险，安全可靠，而且节水省钱，对资源进行循环利用。制作的方法是将强碱∶水（可添加酵素或者其他家庭植物如薄荷水等）∶废油为 1∶2∶10 的比例混合，简单搅拌并阴凉晾干成熟，1至2个月左右就有自制的家事皂使用。

有效地利用厨余垃圾，是一种循环利用的模式，这与绿色家庭的室内绿化和谁利用节能减排息息相关，我们将会在下面的小节继续探讨。

第三节 绿色在屋檐下

一、让家更温馨安全的绿色

我们居住的地方是为家,家是我们日常生活待得最久的地方。因此,家庭生活的每一个步骤,都与绿色环保息息相关。我们选择居住的房屋、装修我们的新家、在家中居住的每一个细节,都涉及能耗和碳排放。我们希望自己的家更温馨健康,就不能忽视至关重要的绿色。

让我们先从建筑节能说起。在所有的节能措施中,建筑节能是最有经济效益,减排成本最低的。建筑节能,简单地说就是减少建筑物能源消耗,提高建筑物能源利用率。狭义的建筑用能仅包括建筑物使用过程中的能耗,如采暖、空调、照明、燃气等方面的能耗,这些都与我们居住者息息相关。采暖使用热力,主要来自市政热力和小区自备的锅炉房,市政热力主要来源于大型区域供热厂或热电厂。空调、照明所采用的电能,在使用过程中不产生污染,广泛运用于城市生活,但在发电过程中会产生间接污染,对当地影响严重。电厂发电会排放大量温室气体和污染气体。而燃气使用也会污染环境。节能建筑会充分利用自然能源,提高建筑围护结构的保温隔热性能,采用高效能的设施和设备。我们在选择居住的房子时,可能更多关注的是户型、房屋位置、小区环境等显而易见的指标,却不知道节能环保也是隐藏的指标之一。但其实，节能建筑对居住者的意义不仅仅体现在环保上，也有很大的经济效益。节能住宅节省的能源和减少的碳排放量，会体现在用电、用气的减少等方面，不仅耗能少了，日常的花费也变少了。

家庭装修中产生的能耗与碳排放量也与环境保护密不可分。传统家庭装修含有的大量有害化学成分，如甲苯二异氰酸酯游离体、甲醛等，对人类健康威胁极大，前者主要造成室内甲苯和二甲苯等的污染，能麻痹人体神经系统，刺激呼吸道，还能破坏人体的造血功能；后者主要造成室内空气甲醛超标，是强烈的致癌物之一，容易引起人体呼吸道疾病，破坏肺、肝的功能。家装耗材也会产生碳排放。根据计算，家装时用1立方米的木材会排放二氧化碳643千克，1平方米陶瓷排碳15.4千克，1千克钢材的碳排放量是24.7千克。可见建材可是排碳利器。家装材料在生产和运输的过程中，也会产生能耗，即使在施工的过程中，人员、材料的安排与管理也涉及节能减排。

我们在居住过程中会产生怎样的能耗，又怎样与环境产生联系呢？居民的住宅能源使用行为主要分为购买、维持和使用相关的能源消费行为。购买行为指的是在家庭加热系统、空调和冰箱等产品购买中考虑到能源特征，以及家庭能源材料的改善，如隔热材料的墙体、双层玻璃等。维护行为主要为日常的与能源意识相关行为，如主动安置温度调节装置、使用通风系统、开门开窗等。使用相关的行为则与习惯息息相关，如家务类行为，即清洁、做饭、洗衣等过程中使用能源的行为；儿童护理过程中使用能源的行为；室内娱乐等过程中发生的使用能源的行为等。这些都和我们的生活方式相关，也可以说，生活方式和习惯是决定我们能否绿色生活的最重要的因素。

生活方式的改变可以影响节能活动的选择，从而形成科学、合理的能耗消费模式。有研究表明，有儿童的家庭和高收入的家庭能源消耗量显著高于其他类型家庭，而家庭成员数目较多的家庭比较倾向于采取节能措施。此外，崇尚新式生活方式的年轻人、工薪阶层，由于他们不希望花费太多的时间在家务上，也会影响家庭能源消费，比如每周洗一次衣服，进行一次家庭清洁等。虽然我们现在越来越多的使用家用电器，导致家庭时间分配和能源使用的格局发生改变，但并不意味着能耗的增加。比如说，使用微波炉和洗碗机等家电，虽然能耗增加，但减少了烹饪清洁的时间，减少了燃气和生活用水的使用。这种能源的转化还体现在许多方面。但总而言之，生活方式与节能减排息息相关，不能一概而论。

无论如何，树立环保节能的能源消费观念是非常重要的。我们希望能在个人居住生活中，采取减少碳排放和实现低碳生活的方法，能在日常生活的小事中做到节能减排。那么，如何做到"低碳生活"呢？

二、"绿色家装"陷阱重重，你准备好了吗？

近年来，"绿色家装"已经越来越流行了，人们在装修中呼唤绿色，是势在必行的潮流。我们越来越抛弃浮夸的表象，注重内在质量，关心建材是否环保，是否有损健康。室内装修也逐渐从注重真材实料、外观豪华或注重使用绿色装饰材料和环保施工的阶段。部分家装污染严重超标，苯和甲醛对人体造成的危害，已经让我们心有余悸。不少打着"绿色家装"旗号的装修其实陷阱重重，你真的准备好了吗？

如今，市场上许多建材商家都宣传自己的商品是绿色环保、无毒无害的产品，他们的商品外包装上贴着多种环保标志，有的是"消协推荐",有的是"中国环境认证委员会鉴定"。消费者购买建材,冲着"绿色"而去,觉得有这样的标识就很安全,然而真的是这样吗?其实,并没有绝对的环保建材。其一,装饰类材料,如油漆类化工产品,现在还达不到绝对的环保;其二,能达到环保标准的材料不齐全,市场上很难有替代产品。其实,绿色装修并不仅仅是建材上的绿色,还有以下基本要素:科学设计、环保建材、规范施工、绿色检测、质量检测和适量花卉。

绿色家庭的低碳装修,从施工开始。施工现场的规划管理、组织管理、实施管理、人员健康管理都十分重要。规划管理不仅要规划施工的过程,也要解决绿色低碳环保材料的选择问题。而在实施过程中,优化每个施工环节,提高效率,减少耗材,降低施工过程中的原材料浪费,也至关重要。绿色家装,切忌当甩手掌柜,从总体上把控,处理好每一个细节,才能保证家装又快又环保,住进去的时候舒适安全。

关于低碳环保材料的选择是绿色装修中最重要的部分。正如我们之前提到的,家庭装修含有大量的有毒化学物质,如苯和甲醛,是看不见的杀手。除此之外,室内的装修,常用的装饰材料有石材、木材、涂料等,石材中如花岗岩、大理石、地砖陶瓷等建材不同程度地含有放射性物质氡,且严重超标。人们在室内受到氡的危害10倍于X射线检查中的放射危害,而这项指标也日渐被重视。家庭使用的油漆含有大量含铅化合物,如铬酸铅、硫化铅、四氧化三铅等,都是对人体造成伤害的化学物质。装饰材料中使用较多的石膏中掺有石棉,石棉虽然耐高温绝缘绝火,但是引发人体石棉肺的罪魁祸首,一些欧美国家已经明令禁止石棉制品充当室内建材。

那么,如何选择低碳环保的材料呢?首先,要选择低碳环保的防护材料，如实木、铝制门窗，加强维护材料的耐久性，增加其使用寿命，避免进行二次施工与装修材料的浪费。门窗材料应含有保温隔热的效果，这样就不必单独使用保温隔热材料，减少了耗材。装饰材料也要低碳环保，确保达到国家标准，选择环保的墙纸、墙布、乳胶漆、丝光锦缎涂料、玻璃砖以及不含铅、铜的绿色陶瓷墙材；选择竹地板、实木地板、复合地板等地材；选择轻质复合板、防火板、纤维增强硅酸钙板、镜面玻璃板等板材。2002年起，涉及人造板、内墙涂料、木器涂料、胶粘剂、地毯、壁纸、家具、地板革、混凝土添加剂、有放射性的建筑装饰材料等十个方面的有害物质限量国家标准已经正式出台，为我们选择家装提供了参考。与此同时，选择可以重复利用的家庭装修材料也是很重要的。装饰材料具有重复性、耐久性，同时便于维护与拆除，才能达到装修材料的二次利用，减少材料的浪费，达到环保低碳的效果。

为了健康的享受生活，室内装饰和环保都很重要，这就涉及我们接下来要聊的话题：家庭绿化。

三、阳台上的开心农场

我们曾经在网络中的开心农场种菜，有没有想过在家里的阳台上也种一片开心农场呢？事实上，这并不是一件很困难的事。家庭内的种植与绿化，可以在家中形成一个天然的氧吧，不用花太多的钱，还能吃上自己种的蔬菜水果，何乐而不为呢？

不过，不是随随便便的地方就可以种菜的。日照和通风是影响蔬菜生长的两大重要自然因素。我们需要根据自家的条件和蔬菜的自然属性来设计属于自己家的种菜方案。几乎所有的蔬菜都需要全日照的条件生长,所以首选朝南的阳台和窗台。大部分蔬菜都可以在阳光充足的阳台种植,如青椒、西红柿、苦瓜、黄瓜、菜豆、西葫芦、韭菜、莴苣、葱、青菜等。窗台上可以种植植株较矮,生长周期较短的蔬菜,不会遮挡阳光,造成室内光线不足。冬天在北方就不要种植需要阳光且周期长的蔬菜了。

在阴凉的地方,如客厅或东西向的阳台,可以种植耐阴的蔬菜,如洋葱、韭菜、香菜、丝瓜、萝卜、油麦菜等。不过要注意朝西的阳台在夏季夕晒会比较严重,要避免日落前产生的日烧,落叶或死亡。朝北的阳台就只能选择耐阴的蔬菜了,如韭菜、蒲公英、空心菜、木耳菜等。

菜园的容器挑选可以充分利用垃圾回收。喝完的牛奶瓶、矿泉水瓶、食品罐、坛子、水桶、冰激凌盒、饼干盒等通过剪裁和修整都可以废物利用,经过一番改造和装饰,可以又环保又美观,别具一格。土壤的选择也十分重要,不能使用受过工业三废和城市垃圾不合理排放污染而含有各种有害物质的土壤,一定要安全;不能在路上拾点土就拿回来用,土壤结构要足够稳定;土壤要肥沃,含有蔬菜生长所需的元素。我们可以通过以下几种方式来获得肥沃的土壤:直接向正规厂家购买培养土,重复使用前应消毒;寻找菜园土,这些土经过长期耕种,肥效渗入途中,土质疏松且安全;还可以自行配置培养土。

播种之后,我们就可以根据光照来摆放不同的蔬菜,并日常管理自己的菜园了。在作物的生长过程中,并不是越多光照越好的。我们可以根据蔬菜种子包装上的说明来摆放蔬菜的合适位置,例如洋姜喜阴,而瓜果类则比较喜欢阳光,但能忍受强光的只有茄子。蔬菜要施肥,科学施肥是蔬菜有个好收成的重要条件。正如前文所说,我们的餐厨垃圾,有许多都是可以用来施肥的,例如蛋壳、刷锅水、淘米水、豆浆等等。自制的麻酱饼、豆饼浸泡液也是很好的自制肥料。我们可以用雨水、淘米水和洗菜水为菜园浇水,但绝对不能为了循环用水使用家庭洗刷的污水,那会对植物的成长不利。除了让蔬菜接受阳光,有时我们也要避免直射的温度太高,做好遮光措施保护蔬菜。同时,除虫也是家庭菜园的一个重要步骤。

家庭除虫同样可以做到绿色环保。我们要时常留意菜叶的情况,看看有没有害虫,随时处理。一旦见到被病虫啃噬的枝叶,就要立刻摘除,用作肥料。我们可以自制天然杀虫剂,比如芦笋汁对危害西红柿的线虫很有效,大蒜也有杀菌驱虫的作用。橘皮、辣椒、薄荷、万寿菊、鼠尾草、迷迭香都可以用来作为驱虫剂。我们可以用水冲洗菜叶,撒草木灰,在植物旁边放一杯甜味饮料,都可以简单有效地防止虫害。总之,遇到虫害,不要急着用农药或现成的杀虫剂,尽可能用自然的方法去解决,才能使收到的蔬菜真正原汁原味。

如今,越来越多的家庭选择绿色生态种植,打造自己的"绿色田园居"。浙江义乌的盛秀其在他的小楼里种满了迎春花、凌霄、无花果、蜜橘、樱桃、玉米、番薯、南瓜、丝瓜、番茄、莲藕等数十种花卉水果,全家人泡在清新的"氧吧"里。夏天,室外温度超过37度,但绿色田园居仍不感觉闷热。盛秀其的住房"绿色、低碳、生态",是"生态家园、美丽中国"生态文明建设的一种有益的尝试。

第四章 做一做：绿色家庭重在行动

图 4-2　阳台上的小菜园

四、残留在碗碟上的"幽灵"

地球上的生命得以延续和发展，水起到了至关重要的作用。水是生命之源，生态之基。而水资源短缺的形势日益严峻。国际公认的缺水警戒线为人均 1000 立方米，我国黄淮海流域人均水资源仅为 350-750 立方米，北京人均水资源为 100 立方米左右，竟只有国际公认缺水警戒线的 1/10。全国 668 座城市，有约 400 座受缺水影响，超过 100 座严重缺水。既然水资源如此宝贵，节约用水就变得尤为重要。与此同时，我们日常生活中每天都会产生很多生活废水，每时每刻都会影响到我们的生态环境。而生活废水，很大程度上来源于我们日常的清洁。

在日常清洁中如何节水？首先就要选择节水的器具。所谓节水器具，是指满足相同的饮用、厨用、洁厕、洗浴、洗衣等用水功能，较同类常规产品能减少用水量的器具、用具。我们选择节水型水龙头，它的流量不超过 9 升 / 分钟，可以使用 5 年以上，不会滴漏，这样就能最大限度地防止水龙头滴水或细流水导致的水资源浪费。同样，节水型马桶、洗衣机、沐浴器也可以很大限度地节约水资源。节水马桶虽然价格高，但每次冲水会比一般马桶节省1/3的水量。如果不更换马桶，我们也可以利用一些小窍门来节约冲厕用水：在马桶的水箱中放一个装满水的饮料瓶，就可以在每次冲水时节约一瓶水的用量；将马桶蓄水箱中的浮球柄稍微往下弯一点，也可以节约不少水。2002年，建设部发布了《节水型生活用水器具行业标准》（CJ164-2002），对各类节水器具做出了相关规定，选购节水器具不再是难事了。

　　除了选用节水的器具，平时我们的方法和习惯也很重要。尽可能避免长流水，循环用水，都是日常节水的小细节。日常清洁从洗脸洗手开始。长流水洗脸2-3分钟，会消耗18-27升水，如果改用脸盆，则只需要消耗4升左右的水，是不是省了很多呢？一个三口之家，若每天盛水洗脸，会节约48升水，一个月全家可节约3.6吨水，不是个小数目吧。刷牙、洗手同样可以规避长流水，达到节水的效果。洗澡时，尽量避免常开水，淋浴时间控制在15分钟以内，如果每人每次能节水60升，全家一个月又可节水2.7吨。洗菜、洗衣、冲厕，节水体现在日常生活的方方面面，只要留心，就可以随时节约水资源。

　　另外，循环利用也是家庭节水的好方法。洗菜、淘米用的水可以浇花、浇菜地、刷碗，既环保，又富有营养；隔夜茶水可以用来充当洗发水、洗脚水，洗发时可以改善头发状态，使其更乌黑亮丽，用来洗脚不仅可以除臭，还能缓解疲劳，让双脚更加光滑；洗脸、洗澡的余水可以用来擦地、冲厕，不再心疼白白流掉的水。还有一种方式即中水利用节能减排。简单的做法就是学习将天然洗涤的用水节约下来清洁家事拖布或拖地清洁等，之后还可以再次用于浇花灌溉或冲洗卫生间等。尤其要推荐的是，使用环保洗涤用品后，清洁所需用水本身也大量减少，加之少量衣物提倡手洗的水，基本可以保障全家的家事用水需求。

有很多人认为，清洗瓜果蔬菜或锅碗瓢盆，用更多的洗洁精会更干净，事实上并非如此。化学洗涤用品无论怎样冲洗，都会有一部分残留在清洗的物品上，特别是厨房用具，会随着我们的使用，最终进入我们的身体。这些残留在碗碟上的"幽灵"久而久之就会危害我们自身，与此同时，洗涤产生的废水也会污染江河，随着自来水最终回到我们的肚子里。你还要继续大量使用化学洗涤用品吗？我们可以用很多方法来解决这个问题。将化学洗涤剂稀释之后使用，可以大大降低洗涤剂的使用量。用前文提到的小苏打和柠檬水进行清洁，或是用开水烫一烫，也是很好的方法。我们同样可以用淘米水、煮面汤、隔夜茶来清洗碗筷，既可以去油，又能减少洗涤剂污染。化学洗涤剂使用得越少，我们就离污染越远，离健康越近。

五、中国式低碳家庭消费模板

家庭生活中的能耗与碳排放计算，我们可以从一日的生活开始说起。

早上起床，手机的闹钟响起，拔下手机的充电器，想想它这一夜消耗了多少电能？看看室内的温度如何，能不能加床被子，然后将暖气调低几度？家用电器在不使用时，关掉电源或拔掉插销是有效的节约方式，这适用于电视、电脑、手机等电器或电子用品。据国际能源署（IEA）估计，全世界约有 1% 的温室气体排放是待机状态产生的，几乎相当于整个航空行业的排放。同时，在天热或天冷的时候让室温更接近自然温度，也是节能减排的好方法。在冬天，如果室内温度能降低 2 度，就能够减少 14% 的能源消耗，同时减少碳排放量。

早餐是微波炉加热还是用燃气加热？从冰箱里拿出来时是不是自然解冻？事实上，使用电器加热是炉子加热耗能的两倍。而我们在选择冰箱、冰柜、空调等用具时，也要考量它的节能级别，尽量选择能效等级 1 级的电器。

结束了一天的工作，不如锻炼一下吧。我们可以选择去健身房慢跑，买一台跑步机在家里跑步，或者去家附近的公园跑一圈？有很多家用电器是可以规避的，比如跑步机，又比如带烘干功能的洗衣机，我们完全可以让衣服晒晒太阳。我们去菜场买有机蔬菜和肉，注意购买时令食物，或者到阳台上的菜园子里采摘一番？吃过晚饭，剩下的淘米水和洗菜水就让它们回到菜地里吧。

洗个澡，注意在 15 分钟完成任务。拿出自制的环保酵素泡脚和清洁厕所。玩一会电脑或是看一会儿电视，记得调小音量减少噪声污染。在睡觉前，确认它们的电源断开，而不是处在待机状态。我们或许要教孩子功课，提醒他注意节约纸张，草稿纸重复利用。将他桌上的台灯换成节能灯，并在他熟睡时关闭。

每月用电逐渐减少，就可以证明你在居家中的能耗和碳排放量得到了控制。

家庭生活中，降低能耗和碳排放的重要手段，除了我们前面提到的那些手段其实我们还可以走得更远。

首先，发展绿色消费模式。除了简单的家庭种植绿化，我们还要倡导更多朋友加入城市社区支持农业的模式中去。在化肥、农药、除草剂、转基因及地膜大棚等非自然技术大量滥用的现代农业中，作为消费者的家庭，要有意识地用货币投票来引导安全生产，去支持真正良心种植的商品的生产源头。这样的绿色消费模式，能够促进农业良性发展，引导土地脱毒、水源净化、空气清新，更深远地保护生态环境。

其次，发展低碳消费模式。在家庭生活的细枝末节减少碳排放。每消耗 1 度电的碳排放量为 0.79 千克。积少成多的碳足迹遍及生活的点点滴滴。低碳消费模式应该贯彻三个字：断舍离。学习减法生活，省去不必要的消费和消耗，与不需要的东西说再见，从源头上减少负担，杜绝浪费；合理处置不必要的杂物；脱离物欲的控制，脱离对物品的迷恋。做到了这三点，就奠定了低碳消费模式的核心。

最后，发展循环消费模式。所谓循环消费模式，就是更加注重对现有资源的珍惜利用。发展循环模式已经存在众多的可能性，比如食物森林、园艺自疗、鱼菜共生、屋顶园林，又比如台湾朴门自然农法、都市零废弃模式等等，还比如建立家庭节水自循环、雨水收集系统、太阳能电能综合运用、生态养蚯蚓、变废为宝等等。

中国家庭的节能减排，我们还能做更多。

第四节 绿色在路上

一、巴尔干联合骑士所倡导的可持续交通

绿色出行，这句话听起来并不陌生。那是因为在我们出行变得越来越方便快捷的同时，出行的碳排放量也越来越巨大。2010年初，奥斯陆气候和环境国际研究中心发表的一份研究报告称，因使用汽车、轮船、火车和飞机等交通工具释放的温室气体已经成了造成全球变暖的主要原因之一。而且，在过去的10年中，全球的碳排放总量增加了13%，其中来自交通工具的碳排放总量增加了25%，可谓是愈演愈烈。2009年国际能源署（IEA）报告表明，全球碳排放量约有25%来自交通运输，美国的大气污染50%来自运输工具，日本也占到20%。预计到2050年全球交通运输业的能源消费量将翻一番。亚洲发展银行预计，在未来的25年内，全球交通源碳排放将增加57%，而由于发展中国家的汽车行业发展迅速，其排放增长将占到80%。而一氧化碳的排放对城市的污染已发展到更危险的程度，增长的交通流量导致严重的交通堵塞，据估算，曼谷的汽车司机在一年中平均有44天时间浪费在拥挤的道路上。

除了日常的出行，远途旅行也是交通碳排放量增长的原因之一。毕竟现在空中交通如此发达，说走就走的旅行不再是梦。环保人士给

第四章 做一做：绿色家庭重在行动

天后麦当娜的全球巡回演唱会做了个碳排放日志：私人飞机排放95吨废气；250名员工搭乘客机，产生了1000多吨的废气。

这就不得不提到巴尔干联合骑士。这是捷克青年NGO组织Carbusters的一个为期5周面向所有对环保、文化、自然、社区生活自行车运动和可持续发展感兴趣的人士所开展的项目。自2001年7月底在罗马尼亚的一个塞尔维亚少数民族村落启动，已经传播到塞尔维亚和保加利亚。该组织在以下三个领域开展集体活动：可持续交通和无汽车城市运动；支持地方组织和个人活动；建立由基层组织和个人组成的巴尔干网络。他们向更多的人宣传可持续交通，通过街道活动、公众演出、案例展示、与当地NGO召开研讨会等方式开展活动。

可持续交通概念的提出，源自非机动车交通被小汽车和货车取代，公共交通逐渐被私人机动车交通取代，私人机动车道路交通减少了其他交通模式的共享，破坏了城市结构的发展和基础设施的支持，导致的结果是日益增长的交通拥堵和交通事故带来的伤亡。由于交通活动的增加，石油燃料需求增大、空气严重污染、噪声水平增加、城市生活空间和绿地空间减少，这些都为城市发展带来了负面的影响。目前的交通结构是威胁和破坏人类健康和生态环境的，是不能接受的。而可持续交通所要达到的环境目标，就是非再生资源的利用率不能超过非再生替代资源的生成率；污染排放率不能超过环境的同化能力；同时保护生物多样性。

出行和环境密切相关，而时至今日，我们似乎无法阻止人们购买私家车，也无法阻止人们出行。拥有私家车的家庭越来越多，汽车的排放量越来越大，想减少交通产生的碳排放量，似乎成了个遥不可及的梦想。但我们并非无能为力，事实上，我们能做的还有很多。只要在习惯和细节上稍加改变,就可以减少很多的碳排放量。毕竟,车是自己的,地球却是大家的。

二、短距离交通的替代:骑行

　　短距离交通的最佳替代品是什么,毫无疑问是自行车。在相当长的时间里,自行车曾经是人们出行最主要的代步工具。自行车是能源转化效率最高的一种交通工具,骑车者80%的能量转化到自行车的运动过程中,不仅快捷,还能使人运动,保持身心健康。于是,这种健康、环保的出行方式再度回归人们的视野。

　　曾经,废弃的自行车遍布大街小巷,特别是大学校园,由于私家车的增多和大学特殊的周期性,人们将自己购买的自行车随意丢弃,形成了许多难以处理的垃圾。而如今,我们骑车出行或许不必自己拥有一辆自行车了。国内多个城市正在建立共享单车系统,这对于缓解城市交通压力,减轻空气污染,延伸公交覆盖区域,方便人们绿色出行,增加健身方式,倡导绿色低碳生活有着重要的意义。共享单车火了,走在路上,扫一扫共享单车的二维码,就可以骑车上路,何乐而不为呢?

　　共享单车体现了我们公共微租赁发展的朝气蓬勃,也解决了我们出行中非常重要的问题:最后的一公里。我们出行时,如果选择公交车或地铁,时常会面临目的地距离站点差着1公里的尴尬。有了共享单车,这就不再是问题,方便出行,又节能低碳。

　　国内曾经也发展过公共自行车项目,但遇到过很多问题。公共自行车项目存在严重的入不敷出,没有稳定的资金来源,就没有办法铺设更多的网点,后续的资金回收就无法完成。共享单车的出现解决了这一问题,用流动性的共享单车取代了依靠网点的公共自行车,但这还不够。我们希望公共自行车能够观念优先、设施优先、管理优先、安全优先。达到这样的目标,需要高额的持续财政支持,并需要我们市民共同的维护。上海将公共自行车纳入整体道路网络规划中,正在建设自行车专用道。目前城市的道路规划的确会让骑行者市场面临无路可走的尴尬,这样的改变会让我们更方便地骑车出行。

那么使用共享单车或公共自行车又有哪些注意事项呢?首先,在使用自行车前,要检查自行车的状态,确保刹车、车胎、车座完好无损再上路;骑行时小心谨慎,注意安全,不要损坏车辆,怎样上路,怎样送回;不要将公共自行车停放在小区或巷子里,而应该将它停放到公共自行车专用区域或大路旁。另外,如果是机动车驾驶者,要注意不要占用自行车道停车或行驶,影响骑行者甚至威胁骑行者的安全。

相信自行车道的出现会使我们的出行更加安全,而短途出行使用自行车无疑是当今最酷的节能减排手段!

三、私家车亦能节能减排

如何保证家庭用车节能减排,对于日益增长的私家车数量和日渐拥堵的交通而言,这似乎是个悖论。不过,当我们树立了良好的行车理念,也可以达到节能减排的效果。

首先在选择家庭用车时,我们就要把节能减排放在第一位。在购买前,先要确认汽车的能源效率、污染参数和使用寿命。一般来说,汽车的排量越大、重量越大,油耗也就越大,碳排量也就越大。汽车的自重与油耗成正比，自重每增加40公斤，油耗就要增加1%左右。因此，SUV汽车和豪华汽车的碳排量通常是小排量经济型汽车的两倍以上。同时，手动挡的汽车动力传递靠的是液压，在低速行驶或堵车时油耗更大，碳排放量更大。因此，如果我们在市区行车，就可以选择小排量自重轻的自动挡汽车。不过，自重大的汽车稳定性好，安全系数相对较高，如果我们要跑长途或走山路，还是要选择较大排量和稳定性较好的车。

随着科技的发展和人们对环境保护和资源节约的意识增强，越来越多的企业开始研发新能源汽车。油电混合动力汽车和纯电动汽车技术比较成熟，纯电动汽车可以达到零排放。虽然存在充电设施不完备，技术不成熟等问题，但随着设施的完善，技术的进步，相信新型能源汽车会取代燃油汽车，成为私家车领域的新宠儿。

注意私家车的使用方法也可以达到节能减排的效果。避免一个人开车，避免每天开车，可以有效节能。随着移动通信技术的发达，现在很多人都参与顺风车的活动，在上下班时拼车出行，提高车辆的使用率。一辆车按2.0的排量计算，每天开20公里产生废气约3500克，按261个工作日计算，每年少开一辆车就减少90多吨的废气，省200多升油。所以，拼车上下班是非常节能减排的。除了共享汽车，租车出行也是一种方便快捷、降低成本、减少能耗的方式。

绿色驾驶十分重要，每个细节都要做好节能减排。比如说轻踩油门，避免紧急加速；遇到红灯，提前松油门让汽车自动减速；长时间停车注意熄火；少开车内的电器产品，如空调、音响，这些电器会让发电机的负载量升高，汽车的油耗就会增加；定期维修和保养，让汽车保持良好的状态，对降低油耗和碳排放量也有着至关重要的作用；

定期保养发动机，更换机油、清除积碳，发动机出现的任何问题都会增加油耗；选用装备子午线轮胎的汽车，它的耐磨性比斜交轮胎高50%-100%，滚动阻力降低20%-30%，节油6%-8%。轮胎的气压也要保持在规定值，气压偏低也会造成油耗增加。注意到这些问题，我们就可以做到在使用私家车时亦能节能减排。

四、正在扩张的公交专用道

你发现了吗？如今，道路上的公交专用道已经延伸到城市大大小小的角落，似乎在暗示一件事，在日益拥堵的高架桥和环线上，畅通无阻的公交专用道上行驶的公交车才是最快捷的出行方式。公共汽车是绿色的交通方式，它们可以搭载更多的乘客，这样，每个乘客在运载过程中造成的污染就较少，损耗的能源也就比较少。正在扩张的公交专用道会告诉你，它不仅是绿色环保的出行方式，也是方便快捷的出行方式。

不仅公交专用道在扩张，新能源公交车也在不断推陈出新。氢燃料、LNG天然气、混合动力、纯电动等清洁能源和新能源公交车，因其废气排放量低甚至可达到零排放，而被称之为环境友好型代步工具，又名"绿色公交"。氢燃料电池车在十几年前就亮相清华校园，2008年的北京奥运会期间，3辆氢燃料电池客车就参与了示范；2016年，28辆氢燃料电池客车在佛山的云浮、三水等地开始挂牌试运营，同年，某氢燃料电池客车获得某运营企业100台订单，这是全球迄今为止最大的商业化订单。2018年，氢燃料电池客车将在2022冬奥会举办地张家口开始运营。虽然氢燃料电池车的成本和安全问题至今仍受到技术的限制，但其仅排放水这一点，就足以让支持环保的我们跃跃欲试了。而纯电动公交车也逐渐代替了柴油公交车，能耗方面，一辆电动公交满负荷运行每公里只用不超过 1 度电，简直是节能小能手。

地铁的出现扩张了地下的交通网，大大缓解了地面交通压力。在开车时不时就堵在路上的北京，即使有私家车，更多的时候还是地铁出行更便捷。地铁不仅四通八达，换乘方便，安全系数也较高。北京在 2017 年暑运期间 15 条地铁线共安全运送乘客 5.53 亿人次，比去年同期增长 2.15%，日均客运量达 882.45 万人次，客运量最高日为 7 月 7 日，达到 1056.53 万人次；暑运累计开行列车 41.5 万列，加开临客 464 列。

根据《北京城市总体规划（2016～2035 年）》中的叙述，未来北京将打造一小时交通圈，到 2020 年为止轨道交通里程达到 1000 公里左右，到 2035 年则不低于 2500 公里。今年年底，中国内地首条完全自主研发的全自动运行轨道线路燕房线、北京首条中低速磁浮线路 S1 线也将投入运营，房山区、门头沟地区将迎来新的"地铁时代"。

越来越多的人选择公交和地铁出行，公交和地铁能带我们去越来越远的地方，怪不得那么多人要抛弃自己的私家车了。

五、交通碳排放排行榜

全球范围内，道路交通是各类造成温室气体排放的交通运输方式中占比重最大的，它消耗的能源是总量的 70%，这是个毫无悬念又令人遗憾的结果。虽然新生代的汽车正在变得越来越高效，但这一趋势却被汽车行驶里程的增加和道路上行驶车辆数量的增多给抵消了。塔塔汽车在2008年推出了号称世界最便宜的车型——塔塔纳努，仅售10万卢布，相当于2500美元。虽然纳努汽车的能耗小于许多高排量高污染的汽车，但它的销售成绩也是惊人：印度原本已经有1300万辆机动车，而纳努车的预计年销量在100万台。如果印度不控制汽车的道路交通运输，则它们的温室气体排放量有可能增加7倍。

根据各种交通工具的碳排放系数表我们可以看到，碳排放系数最高的是排量大2升的大型汽油车，每千米碳排放量在0.297千克。而中型混合动力汽车的碳排放量最少，每千米0.116千克。据美国联邦公交协会2010年报告，美国全国平均各交通方式每人每英里碳排放量：私家车为0.43，公交车为0.29，轨道交通为0.09，轻轨为0.16，通勤铁路为0.15，共乘汽车为0.1（单位：千克）。由此可见，公共交通碳排放量较少，按人均排放量更是比其他方式低。众所周知，传统燃料，如汽油和煤炭，并不是无穷无尽的，而是可耗竭的资源。我们无节制地依赖汽车交通，就是在剥夺下一代可以利用的资源。

这就是我们低碳出行的意义所在。我们希望能进行一种以高能效、低能耗、低污染、低排放为特征的交通运输发展方式，尽可能地提高交通运输的能源效率，改善交通运输的用能结构，优化交通运输的发展方向。目的在于完善交通基础设施和公共运输系统，最终取代以传统化石能源为代表的高碳能源的高强度消耗。

虽然目前为止，科技的发展并不能使我们的出行无碳化，但交通运输的发展过程应该是不断追求减碳的过程。而且，低碳交通运输是一个体系化的概念，无论是交通运输系统的规划、建设、维护、运营、运输，还是交通工具的生产、使用、维护，乃至相关制度和技术保障措施，人们的出行方式或运输消费模式等，都需要用"低碳化"的理念予以改造和优化。

　　这就是为什么，"地铁＋单车"的出行方式越来越受欢迎，这正是我们不断优化出行方式的小智慧，也是我们绿色出行更方便快捷的妙招。由此，我们会将低碳出行、减少交通碳排放进行到底。

第四章 做一做：绿色家庭重在行动

第五节 绿色在身边

一、负责任的旅行：仅带走照片，只留下脚印

测一测：你的家庭是哪种旅行者？

A：觉得自带洗漱用品太麻烦，每次出门都使用酒店提供的一次性用品。既然消费了，毛巾、床单也一定要每天都换新的。担心餐厅的餐具洗不净，要求全部换成一次性餐具。特色小吃每种都买最大份，吃不完只好扔掉。爬山找不到垃圾桶，索性让手中的零食包装随风而去……

B：自备"百宝袋"，里面装着环保袋、毛巾、手帕、洗漱用品、梳子、筷子、勺子等生活必需品。自备水杯，少买瓶装水。向酒店说明退房前无须更换毛巾床单。近途以走路替代坐车，慢下来欣赏路边的风景。点餐量力而行，和同伴分享。不乱扔垃圾，爱护所到之处的一花一草……

随着居民生活水平的不断提高，旅行已经成为许多家庭青睐的休闲方式。据中华人民共和国国家旅游局公报显示，2016年，国内旅游市场持续高速增长，旅游人数达44.4亿人次。全年全国旅游业对GDP的综合贡献为8.19万亿元，占GDP总量的11.01%。理论上说，旅游业是一种资源节约型产业，如果合理开发，管理科学，对于环境

保护有一定的积极作用。但现实中,旅游业的快速发展也带来了一些问题:假期过后,热门景区留下了满地垃圾;超过环境承载力的开发和接待给区域的生态环境带来破坏和负面影响,包括水质污染、土壤压实、植被损害、野生动物栖息地破坏等。

为了减少旅行对生态的破坏,人们开发了越来越多的可持续的度假和旅行方式,比如生态旅游和低碳旅游。生态旅游着眼于"生态",即"自然旅游",倡导通过更少的人为干扰来实现可持续旅游的发展目标;低碳旅游则着眼于"低碳",提倡通过各种低碳技术的革新和旅游消费方式的转变来实现可持续旅游的发展目标。不难看出,生态旅游更像是一种理念,表达人类对旅游发展的一种价值取向的追求;而低碳旅游则更具有可操作性和实践性。

我们可以从旅行过程中的交通、饮食、住宿、购物和游玩角度优化自己的行为,成为一个更负责任的旅行者。

(1)交通:乘坐交通工具所产生的碳排放通常是一次旅行中占比最大的部分。长途交通尽量以火车代替飞机。在旅行活动中,以距离衡量,航空旅游虽然只占17%的旅游行程,却占了54%~75%的旅游碳排放量;而相反,公共汽车交通和铁路虽然占到了所有旅游运输量的16%,但却只占了1%的碳排放总量。再考虑到高铁动车的快捷便利和乘坐飞机的安检和手续,在一定距离以内,火车从气候成本、经济成本和时间成本上来说,都是更好的选择。如果选择自驾出行,最好拼满一车人,既节约了能源又可以分摊成本,实现能效最大化。

市内交通提倡步行和骑自行车,其次选择公共交通。步行、骑自行车、公共交通的碳排放量要远低于租车自驾和乘坐出租车,而且有更多和当地人接触的机会,更能近距离体会旅行地的风土人情,像当地人一样生活。

（2）饮食：外出旅行，品尝当地特色美食是非常令人期待的一项活动。最绿色环保的做法是拒绝一次性餐具，自备水杯和可重复使用的餐具和容器。如果觉得这个要求在旅行中太难实现，也可以尝试：购买路边摊位的小吃时，减少一次性餐具的使用数量，碟子一个、筷子一人一双、竹签一人一根足矣，用后的餐具记得扔到垃圾桶里；去餐厅用餐时，尽量食用本地应季蔬果，并按照人数和食量点餐以减少浪费；多出去走走，旅行时就不要叫外卖了，餐馆里的氛围也是融入当地人生活的一部分呢。

（3）住宿：星级酒店、青年旅舍、民宿短租、露营，如今旅行的住宿方式越来越多样化。不论选择何种住宿方式，都记得在旅行前带上自己的牙刷牙膏，再用分装瓶装些常用的洗护产品，既用得习惯舒心，又可以减少酒店一次性洗漱用品的消耗。要知道，我国酒店业每天消耗的一次性用品，堆在一起有一座小山那么高，处理起来要消耗大量的能量。

住宿的时候自带或少换毛巾、少换床单被套。现在许多酒店十分注重绿色客房设计，比如在床头放置环保宣传卡："尊敬的客人，您若需要更换床上用品请将此卡放置于床上"；在卫生间内放置专用篮子和提示："尊敬的客人，请将您需要更换的毛巾放在篮子里"。看到这么多贴心的提示，何不行动起来呢！

如果在野外露营，要尽可能减少对生态环境的破坏。避免损害植被、避免在河流或泉水中使用洗涤剂等污染物质，离开露营地时将垃圾和全部行李一起带走。

（4）购物：来都来了，不买点纪念品怎么行，亲朋好友也都要送到。可事实上，旅行是冲动购物的高发期。不妨在出发前列一份要送礼物的亲友名单，参考各自的喜好和需求购买。购买时尽量选购本地产品和包装简单的产品，支持地方贸易和地方手工艺者。还有，别忘记带上自己的环保购物袋哦。

（5）游玩：合理选择和安排路线，现在很多旅行社都推出了低碳旅游线路，比如使用更环保的交通工具、入住更环保的酒店等，设计自由行线路时也可以把碳排放作为一个考虑因素。旅行途中随身带一个垃圾袋，及时回收废弃物，避免污染环境以及造成景区垃圾处理的压力。旅途中做好垃圾分类。尽量不在景区留下自己的痕迹，做到"仅带走照片，只留下脚印"。

二、许多东西，可以只用不买

你是否有过这样的经历？上下班驾车时，将空余车座共享给顺道的人；外出旅游时，把空房间暂时出租给"背包客"和短租客；整理出买来却从未穿过或用过的衣服物品，通过二手资源软件出售。这种通过互联网实现物资最大化利用的模式，便是当下逐渐走红的共享经济。

共享经济，也称为分享经济，是指利用互联网等现代信息技术，以分享使用权为主要特征，整合海量、分散化资源，满足多样化需求的经济活动总和。"没有一本书，也可以开图书馆；没有一个房间，也可以开酒店；没有一辆车，也可以开租车公司；没有一件商品，也可以开商场。"这是对共享经济模式最为简洁的一个诠释。

"共享经济"时代，用户一般认为使用比拥有更重要，拥有资产和资源更多是为了使用，所以买不如租，用户尤其看重即需即用——实时找到资源对需求高度响应。相对于传统经济活动，共享经济活动具有"三低三高"的明显优势，即低成本、低门槛、低污染，高效率、高体验、高可信度。共享经济实现了从"拥有"到"共享"，不需要对资源要素进行投入，这在存量资源过剩的今天和资源匮乏的未来都是很好的解决模式。共享不仅意味着高效节约，还意味着开启绿色低碳的生活方式。利用共享经济减少资源和能源的浪费，有助于缓解环境压力，降低碳排放，从而打造低碳、节俭的绿色生活方式和消费模式，有助于实现社会绿色可持续发展。

作为新时代的发展理念，"共享"一词多次出现在官方文件中。

中国共产党第十八届中央委员会第五次全体会议通过的《中共中央关于制定国民经济和社会发展第十三个五年规划的建议》明确提出了"创新、协调、绿色、开放、共享"的发展理念，并指出坚持创新发展、协调发展、绿色发展、开放发展、共享发展，是关系我国发展全局的一场深刻变革。

习近平代表第十八届中央委员会在中国共产党第十九次全国代表大会上所做的报告《决胜全面建成小康社会 夺取新时代中国特色社会主义伟大胜利》中再次强调了必须坚定不移贯彻创新、协调、绿色、开放、共享的发展理念，并明确提出要在中高端消费、创新引领、绿色低碳、共享经济、现代供应链、人力资本服务等领域培育新增长点、形成新动能。

国家发展改革委、原环境保护部等十部门发布的《关于促进绿色消费的指导意见》提出，要让绿色消费理念成为社会共识，基本形成勤俭节约、绿色低碳、文明健康的生活方式和消费模式。《意见》明确提出,支持发展共享经济,鼓励个人闲置资源有效利用,有序发展网络预约拼车、自有车辆租赁、民宿出租、旧物交换利用等,创新监管方式,完善信用体系。

那么,如何在生活中贯彻共享的理念呢?

书籍杂志,交换阅读。相信不少人家里都有些已经看完的书和杂志摆放在书架中,如果不是想要悉心珍藏的经典或挚爱,何不拿出来与其他家庭交换阅读呢?下次去其他家庭做客时,提前约好交换书籍的环节,然后带上几本书上门,可以是孩子看的漫画、科普读物,也可以是爸爸妈妈看的杂志、小说、文学读物,旧书交换,既省下了买书的钱,又提升了两个家庭闲置图书的利用率。

共享,从出行开始。共享单车的出现使人们不再需要购买自行车也可以享受骑行的乐趣。如果说共享单车解决了市内公共交通"最后一公里"的难题,共享汽车则为异地出行的人提供了便利。到达当地火车站后找到停车点把共享汽车直接开走,不用在路边等着打车,即使在异地,出行也像自己家的车一样方便快捷。

对于有车一族,将车上的空座与他人共享已经成为时下流行的绿色生活方式,正如某出行平台的海报中所说"从合乘减少空座,到合力减少排放。特立独行,不如拼车同行"。可以与住得较近的同事一起拼车上班,与住得较近的朋友一起拼车出游,或将自己出行的时间和路线挂在出行平台上寻找同行者,车里的乘客越多,每个人的碳排放就越少,分摊的成本也越少。

旧物交换,绿色低碳。近年来,不少官方和民间机构开始组织闲置交易会、跳蚤市场、二手集市等旧物交换活动,网上也涌现出了各种旧物交换平台。人们拿出自己的闲置物品,旧衣服、旧家电、旧书籍、旧玩具等进行旧物交换或旧物赠送，循环利用，变废为宝。想象这样一个集市，摊主以家庭为单位，带着小朋友与宠物和家里多余闲置的旧物来趁墟，这里有阳光、有欢笑、有故事，简单而无拘束，趣味而有交流。

闲置物品交易活动，交换的是闲置物品，彰显的是生活理念，践行的是绿色低碳，体现的是精准对接。旧物交换、共享经济，让触手可及的商品和资源物尽其用，就是最好的环保方式。绿色生活从来都不是抽象的概念，而是具体可行的举止。做绿色生活的有心人，在一点一滴、一举一动中就见出不同。

三、每个家庭都要懂点绿色文化

绿色文化兴起于 20 世纪 80 年代，是人们对工业化进程带来负效应的反思，是从"人类中心主义"向人与自然和谐发展观念的转化，是人类新生活方式的转向标。绿色文化的内涵有广义和狭义之分。广义的绿色文化应该包含着物质形态、制度形态、实践形态和观念形态的文化形式，包含了人类所有认识和实践活动中所取得的绿色化或者生态化的精神文化成果。狭义的绿色文化是指与绿色经济、绿色社会、绿色政治等相对的观念形态的文化。目前，绿色文化已经遍布人类社会的经济、政治、法律和教育等各个领域。

绿色文化是一种生态自然观，从生态学角度看待人与自然的关系，强调人与自然的和谐发展。绿色文化强调要以可持续发展为人类社会活动的宗旨，在考虑当代人的生存与发展的同时，实施合理开发和生态环境建设，考虑子孙后代的生存与发展。绿色文化时代要求人类按照生态保护的要求,以适度消费代替过度消费,过一种简朴、方便和丰富的生活,符合人的尊严和幸福的生活。

绿色文化在社会发展中具有基础性作用,它对人类的影响是持续的、潜在的,并最终影响人的价值取向。绿色文化形式多样、传播速度快、渗透性强。日益更新的网络技术为绿色文化的传播实现了空间的跨越,对绿色文化的传播起到了加速器的作用,其覆盖面积广大、形式更为丰富和新颖、速度也更快,也更易为大众所接受。

绿色文化要求我们系统掌握生态科学知识,认识自然和社会的运动变化发展规律,正确把握人与自然的关系,构建科学的绿色发展观,实现生产和生活方式的绿色转型。作为生活在当代社会的家庭,选择什么样的精神生活,成为越来越重要的现实命题。我们需要从文化角度来反思如何培育绿色生活方式,并以文化自觉推动形成绿色文化理念。

用绿色文化指导生活,就是要追求绿色生活方式,在日常生活中,多使用绿色产品,多参与绿色志愿服务,树立绿色增长、共建共享的理念,使绿色消费、绿色出行、绿色居住成为每个人的自觉行动,在充分享受绿色发展所带来的便利和舒适的同时,履行好应尽的可持续发展责任的方法,实现每个家庭按自然、环保、节俭、健康的方式生活。

要培养家里每个人的绿色文化自觉,确立尊重自然、顺应自然和保护自然的生态价值观,培养每个家庭成员,尤其是下一代对绿色文化的自觉性与自信力。要使绿色生活方式转化为每个家庭成员的自觉追求,关键在于全面开展环境教育。除了利用各层次各领域国民教育体系中完备的师资力量与课程设置强化对下一代的环保教育,家长们也要在生活中以身作则,逐步将环保教育渗透到日常生活之中,通过绿色环境教育积极培育下一代的生态意识、低碳意识、节约意识、环保意识，让绿色生活理念深入人心，使孩子们意识到生态环境保护的重要性并自觉选择绿色生活方式。

"童心共建，绿色环境"是由四川省环保宣教中心主办、四川省家庭教育研究会承办的环保教育项目，通过开展环保教育讲座、环保知识问答进学校，以及环保公约进家庭等活动，创新出一套主要针对家长、青少年群体积极树立"孩子带动家庭、家庭影响社会"的理念，形成家、校、社三方联动具有可持续性且可复制推广的环保教育办法。

家庭是社会的基本细胞，二者构成息息相通、密不可分的命运共同体。绿色未来，需要绿色社会，需要绿色千万家。学生是家庭和祖国的未来。在学校开展环保教育，更具有现实意义，学生接受能力强，可塑性强，传播性也比较强。该环境教育项目在执行时加入科学实验的元素，对学生具有启迪作用，也为未来环保事业埋下了优秀的种子。这次通过学校和社区的活动，带动了家庭去了解环保、参与环保的热情，以公约的形式形成家庭内部的约定，以家庭为单位的环保行为更明确更有效。

此次项目在学生和家长中反响甚好，家长普遍认为，活动很让人受益，不仅明白了环境保护要从自身做起、小事做起、细微处做起，还明白了亲子共同参与的重要性，对培养孩子良好的生活习惯、树立正确的社会公德都有很重要的意义，同时也学会了很多日常生活中节能、环保的方法。

小卡片："童心共建 绿色环境"项目中的家庭环保公约

◇ 一水多用，用完水后随时关闭水龙头，看见漏水的龙头务必拧紧，可使用节水器具；

◇ 随手关灯，节约用电，尽量用节能灯代替白炽灯，空调温度夏天不低于26℃，冬天不高于20℃；

◇ 不挑食、不剩饭，多吃蔬果，少食肉，均衡饮食；

◇ 在室内种植花草，净化空气；

◇ 生活垃圾分类处理，废弃电池、过期药品集中回收；

◇ 出行尽量选择步行或者公共交通工具，少乘坐出租车或驾车；

◇ 尽量不使用一次性塑料袋、筷子、水杯，多用可重复使用的物品，尽量不选择外带、外卖；

◇ 热爱自然，保护动物，不食用野生动物，不使用动物制品，爱护花草树木；

◇ 通过旧物改造，让有效的资源延长使用寿命；

◇ 积极学习环保相关知识与实用技巧，并对周围亲朋好友进行相应呼吁传播。

四、时尚与可持续消费

随着人们物质生活水平的提高，"新三年旧三年缝缝补补又三年"的日子早已淡出了多数家庭的记忆。当代人生活在一个媒体众多的环境中，每个家庭可以从不同的来源获得前所未有的大量的图片和数据。大家被淹没在有关消费、时尚、新贵、音乐、科学和其他无数话题和热门事件的信息中。消费主义的盛行和购物的极度便利，使得很多人觉得"省吃俭用"的低碳生活完全没有必要，反倒去追求无止境的"买买买"。这也许是因为大家觉得把一件东西用到极致，是一种不富裕的表现，生活水平的提高理应伴随着奢侈浪费。

生活水平和消费观念的变化促进了时尚业的发展，然而，时尚行业却是一个严重污染环境浪费资源的行业。联合国欧洲经济委员会称，规模达 2.5 万亿美元的时尚行业在全球的用水量排第二，生产一件棉衬衫就需要 2700 升水，相当于一个人两年半的饮水量。2018 年 3 月 1 日在日内瓦举办的名为"时尚与可持续发展目标：联合国扮演什么角色？"的会议中，该组织警告称，时尚行业生产越来越多的低价一次性服装，这种做法是一项"环境与社会紧急情况"。

今天，普通购物者购买的衣服比几十年前多得多，而保有衣服的时间却缩短了一半。在这样的周期里，衣服快速生产出来并且价格低廉，然后快速磨损，最后被迅速丢弃。据估计，到 2030 年，全球中产阶级将达到 54 亿人，2015 年为 30 亿人。这将导致人们对服装和其他定义中等收入生活方式的商品需求增加。如果消费保持目前速度，到 2050 年，自然资源需求量将是 2000 年的三倍。

值得担心的不仅仅是资源使用，服装业也是一个重污染行业。棉花种植使用的杀虫剂尤其多。在 2 月份发布的一份报告中，气候工程基金会和匡蒂斯可持续发展咨询公司称，服装鞋履行业在全世界温室气体排放中占到 8%，如果不做出迅速改变，服装对气候地影响到 2030 年将增加 49%。这些数字应该更激励包括跨国服装零售商和品牌、设计师、政策专家以及每个家庭成员在内的每个人采取更紧急有效的行动。

已经有奢侈品牌开始注重生态环保这一概念，可持续和可循环利用成了发展的焦点之一。比如，拥有古驰（Gucci）、巴黎世家（Balenciaga）、圣罗兰等一众最顶尖奢侈品的开云集团（Kering）就在环保问题上做出了努力。2015 年，开云与英国新生代公司 Worn

Again以及快时尚品牌H&M签订合作协议，试图利用技术实现纺织品回收利用。此外，开云还分别与位于德国和瑞士的两所大学结盟，开发并采用了一种新的染色技术，能够减少污染物排放。目前，开云旗下的品牌Gucci有15%的皮革制品是通过这种可持续方式生产出来的。

  而每个家庭成员作为时尚行业的消费者，除了主动选择在面料和生产流程上更环保的产品之外，也可以主动抵御媒体和广告在消费方式和需求上的不良影响，促进一种更加有益的可持续发展的生活方式。

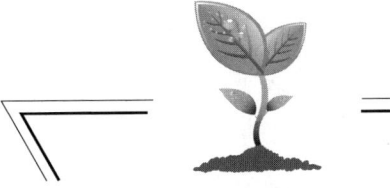

第五章

想一想：绿色家庭的未来

第一节 科技与创新的力量

绿色家庭的创建是以科学发展和技术创新为前提，需要开拓绿色科技创新，采用新技术新工艺，降低生产成本，提高经济竞争力，使资源的再利用有利可图，使生产和生活活动对生态系统的负面影响降至最低。例如，日本开发了一系列称雄世界的低碳绿色技术，使能源利用率大幅提高；德国政府同样认为技术创新上能否突破是可再生能源能否高效运作的关键。绿色经济的发展需要低碳能源技术、绿色交通技术、绿色工业技术、清洁生产技术等绿色能力发展相关技术为支撑，只有大力增强科技创新能力，为绿色经济发展提供有效的技术支撑，绿色经济才可能有效、快速地发展。

家庭生活涉及吃穿住用行等多个环节，每个环节都会留下碳足迹。因此，开展家庭环节吃穿住用行等家居产品技术创新，推动家用产品的更新换代，对于降低全社会能耗水平、降低碳排放十分必要。所谓家用低碳技术指的就是围绕家庭生活中的吃穿住用行各环节的节能减排而产生的各类科技创新产品和家用新产品。家用低碳技术的研发与推广应用，将极大地降低家庭生活中的碳排放强度。减少人类家庭活动中留下的碳足迹。其中，根据对现代社会中人们的吃穿住用行与节能减排的感性认识。

家用低碳技术主要涉及居民在日常生活起居中的能源利用技术，所使用的各种器具、设施的制造和利用技术，既包括对传统能源的节约使用,也包括日常的衣食住行用中对各种新能源的利用,同时还包括家庭用品及二氧化碳的回收利用等等。因此,家用低碳技术至少应涉及四个方面:一是传统能源节约技术,主要解决人们的衣食住用行中传统能源的利用效率问题,这一类可以称之为减碳技术;二是可再生能源和各种新能源的利用技术,主要解决家庭的衣食住用行中对太阳能、地热能等各种新能源的应用问题,这一类可以称之为无碳技术;三是家庭生活用品的回收利用和循环使用技术,主要针对有关衣食住用行等生活用品的回收和再利用以及二氧化碳回收利用问题,这一类可以称之为去碳技术;四是家用碳中和技术,从性质上说也属于去碳技术。如果将这些技术进一步具体化,则可细分为:建筑类技术,包括建筑物设计与建造技术、各种新型建筑保温材料技术;家用电器类技术,包括家用电器的节能和能效提高技术、电冰箱运行中的减碳技术;太阳能应用类技术,包括提高太阳能热水器的热效率技术、太阳能发电在家庭能源中的应用推广技术、太阳能家用电器蓄电池研发与制造、太阳能手机制造技术、其他电子产品应用太阳能技术、太阳能汽车和其他机动车辆研发使用技术;其他新能源技术,包括热泵技术、新能源汽车及汽车蓄电池制作技术、生物质能源的气化技术;生活设施配套技术。包括家庭智能电网技术;生活必需品的新材料制造技术,包括服装环保面料技术、日用品的环保制造和节材技术;家庭环节的去碳技术,包括生活垃圾的回收利用技术、碳捕捉搜集技术向家庭领域延伸的技术;等等。

  中国科技创新已经取得了一定的成效,但企业绿色科技创新的实施还存在着体制和制度等方面的障碍。因此,深化科技体制改革,建立健全创新驱动发展的体制机制,建立绿色创新投融资机制和搭建绿色产业化平台,才能推进绿色科技创新。

第二节　环境政策红利的兑现值得期待

2012年11月召开的党的十八大,把生态文明建设纳入中国特色社会主义事业"五位一体"总体布局,首次把"美丽中国"作为生态文明建设的宏伟目标。超越和扬弃了旧的发展方式和发展模式,生态文明、绿色发展日益成为人们的共识,引领社会各界形成新的发展观、政绩观和新的生产生活方式。

发展取向,从追求"数量"变成注重"质量"。近年来,各地政府的施政纲领中,代表委员的建言献策里,"生态文明"成为高频词。面向经济新常态,循着发展新思路,各地把更多的精力放在转方式、优结构、改善生态环境上,努力实现有质量、有效益、可持续的增长。

公众参与,厚植绿色发展根基。铺张浪费的少了,参与"光盘行动"的多了。几年来,干部戒奢尚俭,民间反对铺张浪费蔚然成风,低碳环保正成为新时尚。购买节能与新能源汽车、高能效家电,减少塑料购物袋等一次性用品使用,"随手拍"拯救家乡河流……越来越多的公民践行绿色生活方式和消费理念,保护生态环境、建设美丽中国的共识度不断提升,"最大公约数"正在形成。实行最严格的制度、更严厉的法治,为生态文明建设提供可靠保障。

绿色低碳循环发展取得显著进展,充满盎然生机的中国呈现在世人面前。积极应对气候变化,"中国行动"可圈可点。中国把应对气候变化融入国家经济社会发展中长期规划,通过法律、行政、技术、市场等手段全力推进。目前,中国可再生能源装机容量占全球总量的24%,新增装机容量占全球增量的42%,已成为世界节能和利用新能源、可再生能源的第一大国。

第三节　公众环境意识与支付意愿的蓬勃发展

　　家庭是社会的细胞，我们每个人都生活在一定的家庭环境中。家庭环保是环境保护的重要组成部分。开展家庭环保活动，不但是每一个家庭应负的责任，更是我们每一个家庭成员应尽的义务。让绿色生态文明走进家庭，提高环保意识，增强环保观念，落实环保行动，全面构建生态文明之家，享受现代绿色生态文明生活，不但是每一个人家庭成员的执着追求和自觉选择，而且对保护环境、维护生态平衡，切实保护好我们赖以生存的家园，走进绿色生态文明时代，全面建设美丽中国和生态文明和谐的小康社会具有不可替代的重要作用。

　　提高环保观念和意识，切实加强环境保护，全面建设美丽中国，不但是一项全民的事业，不是一家一户的事业，而是涉及千家万户。坚持让绿色走进家庭，享受绿色生态文明生活，已成为进一步促进环保事业健康发展，最终实现以建设绿色生态文明生活为主的家庭环保道路，全面建设生态文明小康社会的自然选择。

　　很多家庭生态文明建设正处在一个重要的变革和转折时期，每个家庭必须以开展家庭环保的重要地位，以生态文明建设的首要地位和以创建绿色文明家庭的基础地位的科学定位，积极向绿色环保、绿色文明家庭建设的方向转变，使其创建的方向和内容突出家庭生态建设的历史性转变、绿色家庭创建活动的深入开展和家庭生态文明的全面建设，由单纯的家庭环境卫生走向生活起居、衣食住行，再走向绿色生活文明建设的发展变化。

让生态文明理念更加深入人心。希望全社会共同参与，积极行动起来，全面落实环保行动，让我们走进生态文明时代，全面建设美丽中国。在人类社会迈向尊重自然、保护自然，最终实现人与自然和谐发展，全面建设生态文明的小康社会的生动实践中，动植物学家、环保工作者、每个家庭以及我们每一个家庭成员都应为保护环境做出努力，不断增强法制观念，牢固树立环保意识，并落实到具体的环保行动上，从我做起，从现在做起，从身边环保的小事做起，积极行动起来，让绿色生态文明走进我们的家庭，走进我们的生活，广泛深入地开展绿色家庭创建活动，切实保护好我们生存的家园，全面构建生态文明之家，走进生态文明时代，全面建设美丽中国和生态文明和谐的小康社会。

绿色生活方式与每个人的生活息息相关，体现着人们对绿色理念的认同度、践行力，对绿色发展和生态文明的最终实现具有基础意义、关键作用。大力倡导节约、低碳、循环的绿色生活理念，培育全民生态道德，提高绿色消费意识，形成绿色消费方式。创建绿色家庭、绿色社区、绿色学校，弘扬绿色生态文化，广泛普及生态文明理念，提高绿色发展软实力。特别是坚持把城乡环境卫生综合整治作为革除陈规陋习、树立现代文明的主抓手，深化拓展环境卫生整治的内涵和外延，促进全社会生活方式转变。

一说起建设绿色家庭和发展生态文明的内容，很多人就会认为那不是清贫家庭的事，而是那些拥有小汽车和别墅的富裕家庭应该做的。其实无论清贫或者富裕的家庭都需要建设绿色，都会对节能减排和发展低碳经济起到作用。例如，不追求豪华奢侈、铺张浪费，不打开过多的灯，不让电视机等家电待机，不使用"长流水"洗漱，不扔掉可以食用的饭菜，不占用太多的房间。在日常生活中能做到不浪费钱财、粮食、水、电等物品。买东西时少用塑料袋，最好带上布袋子或菜篮子等。外出就餐时按需点菜，吃剩打包；同时，少用快餐盒、纸杯、纸盘等，尤其要少用或不用一次性筷子。少用小轿车，多乘公交车；少用木杆铅笔，多用自动铅笔；拒食野生动物，拒用野生动物制品等。所有这些，既是清贫家庭应该做到的，也是富裕家庭应该做到的。

　　建设绿色家庭不能仅仅依靠家庭本身，要发挥诱致性制度变迁和强制性制度变迁的双重作用，减弱路径依赖。路径依赖问题体现在家庭节约中就是长期形成的生活习惯不易改变，如长流水洗菜、剩饭扔掉等习惯。为此，一是要实行阶梯水价、电价，让强制性制度变迁发挥作用。根据多数家庭的需要制定分段收费标准，少用则低价，多用则高价，从经济上限制过多用电乃至浪费电。二是加强节约教育，使居民认识到节约对节省费用、保护环境、提高个人素质、教育子女等方面的实际作用，不断提高节约的自觉性。

　　建设绿色家庭必须重视家庭的节俭教育，其重点是青少年。青少年时期是一个人世界观形成的时期，周围环境，特别是家庭环境对其世界观的形成会产生重要的影响。亚里士多德曾经说过，家庭生活曾经是现在依然是道德的核心，是忠诚、无私和道德交流的大学校。家庭对青少年进行勤劳节俭、艰苦奋斗和爱护环境的教育，对青少年未来成长以至终生都是有好处的。家庭教育既在于言教，更在于家长的身教。因此，做父母的一定要在自己的岗位上遵守职业道德，在公共场所遵守公德，在工作中不贪污、不腐败、廉洁自律、洁身自好，不

第五章　想一想：绿色家庭的未来

仅不参与挥霍公款公物的活动，更不把社会上的挥霍浪费之风带回家中。形成良好的家风，这对全家有好处，更有利于青少年的健康成长。

很多人认为，节约就是省吃俭用，节约就是缩减生活消费，甚至认为发展低碳经济与提高家庭生活水平相矛盾。然而在今天的实际生活中，家庭节约则是指家庭在促进社会进步活动中对稀缺性资源的合理使用和充分利用。"合理使用"是就主体需要而言的，如农民将稻谷碾成大米后煮成饭，需要吃多少就煮多少，这是合理使用；而"充分利用"是就客体被利用的程度而言的，如碾米的糠也不浪费，用作饲料或他用，就是充分利用。而消费是指人们转化自然资源、满足自身需要的过程。浪费则是指对稀缺性资源的滥用或废弃。由此可见，节约有利于消费，有利于节能减排和环境保护，与提高人民生活水平不仅不矛盾，而且完全一致。如今，我国的经济总量已经超越日本，成为世界第二经济大国。但是，我们不能忘记节约，无论什么场所都要如此，家庭更无例外。因为资源短缺，因为环境已经不堪重负。只有我们每个人、每个家庭都践行节约，才能发展低碳经济和实现经济社会的可持续发展。

创新教育是以培养人的创新精神和创新能力为基本价值取向，让受教育者"独立学习、大胆探索、勇于创新的过程"的教育。创新精神的内涵指创新意识与创新品质，它是创新的灵魂与动力；创新能力意指创新感知能力、创新思维能力和创新想象能力，它是创新的本质力量所在；创新人格主要包括对事物执着的好奇，拥有顽强的意志、毅力及耐挫的心态，充分的责任感和使命感，它是创新的根本保障。

"坚持绿色发展，必须坚持节约资源和保护环境的基本国策，坚持可持续发展，坚定走生产发展、生活富裕、生态良好的文明发展道路，加快建设资源节约型、环境友好型社会，形成人与自然和谐发展现代化建设新格局，推进美丽中国建设，为全球生态安全做出新贡献。"十八届五中全会从"五位一体"的总体布局出发，把绿色发展理念摆在突出位置，具有鲜明的时代特色和针对性。从教育的视角出发，家园的环境建设，可以分为人与人、人与环境之间的关系建设，相应地延展出"生命教育、生存教育、生活教育、生态教育"。

参考文献

[1] 袁玲双，王斌，肖红. 倡导绿色生活方式创建绿色环保型家庭 [J]. 齐齐哈尔大学学报（哲学社会科学版），2006（6）：117.

[2] 江苏省环境保护厅. 第二届全国"绿色家庭"评选拉开帷幕 [EB/OL]. 2018-1-4. http：//www.jshb.gov.cn/jshbw/xcjy/xcdt/200909/t20090901_94743.html.

[3] 丽水市妇女联合会. 关于开展2016年省级绿色家庭评选活动的通知 [EB/OL]. 2018-1-4. http：//www.lishui.gov.cn/sjbmzl/sfl/gsgg/201607/t20160719_1786207.html.

[4] 云南省环境保护厅. 云妇字〔2003〕31号关于在全省开展"美在家庭"宣传教育系列活动的通知 [EB/OL]. [2018-1-4]. http://www.ynepb.gov.cn/xxgk/read.aspx? newsid=10274.

[5] 江西省妇女联合会. 关于在全省广泛开展"绿色家庭"创建活动的通 [EB/OL]. 2018-1-4. http://www.jxwomen.org.cn/fldt/tzgg/201606/t20160617_457187.htm.

[6] 戴波，朱宝生. 中国城镇居民家庭消费碳足迹与生态文明的生活方式 [J]. 云南地理环境研究，2013，25（1）：53-58.

[7] 中华人民共和国国家旅游局. 2016年中国旅游业统计公报 [DB/OL]. 2018-3-19. http://www.cnta.gov.cn/zwgk/lysj/201711/t20171108_

846343. shtml,2017-11-08.

[8] UNEP, University of Oxford, UNWT0, and WMO（prepared by Simpson MC, Gossling S, Scott D, Hall CS, and Gladin E）. Climate Change Adaptation and Mitigation in the Tourism Sector: Frameworks, Tools and Practices[M]. Oxford: Oxford University Press. 2008: 10—19; 78—93.

[9] 何涛.共享单车现象与共享经济发展探讨[J].技术经济与管理研究，2017（8）：99-104.

[10] 赖婵丹.习近平绿色发展观探析[J].岭南学刊，2017（5）：36-37.

[11] 石峰.绿色文化与绿色生产力[J].环境与发展，2012（1）：22-23.

[12] 国务院办公厅.国务院办公厅关于印发"无废城市"建设试点工作方案的通知[Z].2019-01-21.